Pantomime

Ausdruck
Bewegung

edition aragon

Wir danken für die Mitwirkung:

Elke Wennmann (Titelzeichnung)
Kristin Albert (Fotomitwirkung)

Katrin Fieber
Eira Reiche
Franco Melis
Heike Seemann
Alexander Matz
Anke Wennmann
Ute Fröhlich
Gitta Schellhard
Klaus Vogel (Pressefotos)
Martin Kaiser (Studioaufnahmen)

... und allen namentlich nicht erwähnten
Kursteilnehmern zwischen
Norwegen und Neustadt.

© 3. Auflage 1997
   Edition Aragon
   Verlagsgesellschaft mbH
   Neumarkt 7-9
   D - 47441 Moers
   fax: (49) 02841-24336

Lektorat: Willi Klauke
Satz: ZERO, Typografischer Betrieb, Moers
Druck: MZ-Druck, Memmingen
Printed in Germany
ISBN: 3-89535-401-5

Inhaltsverzeichnis

Kann man überhaupt Pantomime, Ausdruck, Bewegung aus Büchern lernen? · Was ich mit diesem Buch erreichen möchte, was dieses Buch leisten soll, was es nicht leisten kann. · Begriffsklärung

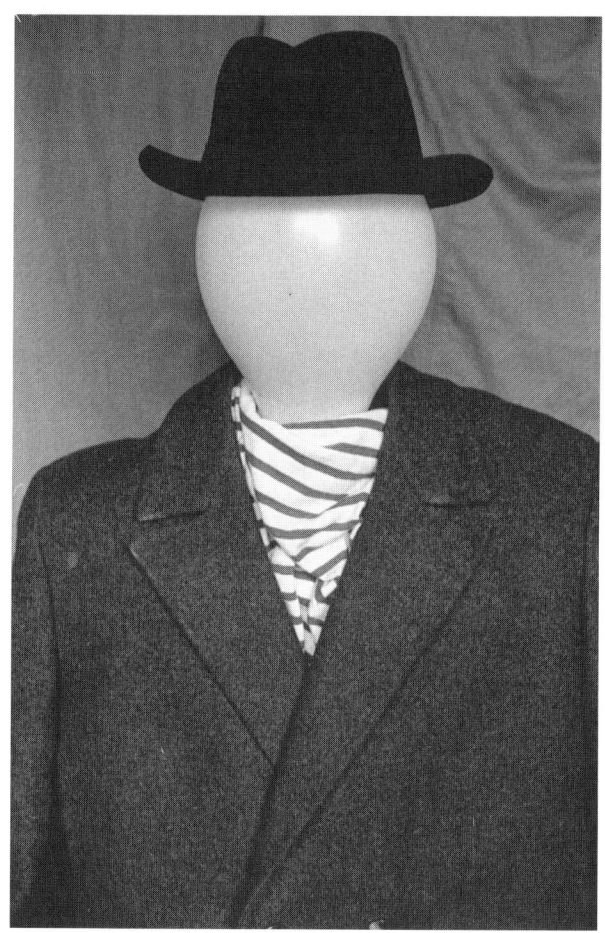

Vorwort

Dies ist ein Buch aus der Praxis für die Praxis. Auf allgemeine theoretische Grundlagen habe ich bewußt verzichtet, diese mag sich der interessierte Leser an anderer Stelle besorgen. Vielmehr enthält dieses Buch eine Zusammenfassung und Auswertung meiner langjährigen pantomimischen Tätigkeit mit Erwachsenen, Jugendlichen und Kindern in Schulen, Volkshochschulen, in der Lehrerfortbildung und in eigener Initiative.

Pantomime und Bewegungstheater lernt man nicht durch das Reden über Pantomime und Bewegungstheater, auch nicht durch das Lesen dieses Buches, sondern nur durch „Tun". Was diese Arbeit aber sein kann und soll:

— eine Grundlage für die Nachbesinnung zur eigenen Körperarbeit sowie eine Möglichkeit zur Einordnung der Bewegungserfahrung in einen größeren Zusammenhang

— eine Anregung zum Weitermachen für den, der bereits Erfahrungen mit dem Bewegungstheater gesammelt hat

— ein Impuls zur Entwicklung neuer Ideen und Übungen im Bewegungstheater

— in besonderem Maße ein Nachschlagewerk für Pädagogen, die ihre Spielerfahrungen an Kinder und Jugendliche weitergeben möchten, eine Planungshilfe für komplette U.-reihen oder AGs

— eine Hilfe, um bestehende Spielideen oder bereits fertige Stücke zu ergänzen und auszufeilen (z. B. durch angemessene Stilmittel, Musik oder Beleuchtung)

— ein Erfahrungsbericht über geeignete Vorgehensweisen.

Im Verlauf dieses Buches werde ich versuchen zu verdeutlichen, daß meine Vorstellungen vom Bewegungstheater weit über den Rahmen dessen hinausgehen, was man von der klassischen Pantomime her kennt, die sich m. E. allzu sehr in Etüden über den alltäglichen Kampf gegen die Tücke des Objektes oder in überstilisierter Melodramatik — die mit schmerzverzerrtem Gesicht ans Herz gepreßte Hand — erschöpft.

Bewegungstheater muß — nach meinem Verständnis — ausdruckstarke Bilder hervorbringen, die im Zuschauer etwas auslösen; Bilder, die je nach Situation einhämmernd oder einschmeichelnd, bedrohend oder betörend, aktionsgeladen oder beschaulich sind beim Zuhörer durch das Zusammentreffen mit persönlichen Gefühlen und Erfahrungen neue Bilder und Eindrücke schaffen.

Dabei bedienen sich die Akteure des Bewegungstheaters aller erdenklicher Mittel; der Bewegungstechnik selbst sowie geeigneter Medien (auf die ich in den nachfolgenden Kapiteln ausführlich eingehen werde), um die Aussagekraft und Wirkung dieser Bilder zu stärken.

Häufig findet dabei das „Prinzip Collage" Anwendung: Durch das Zusammenführen wesensfremder Dinge in einem ihnen fremden Raum entsteht eine neue Wirklichkeit. Das „Prinzip Collage" aktiviert den Zuschauer, indem es ihm Material für eigene Gedankenabläufe zuspielt.

Wenngleich das Bewegungstheater den Gebrauch der Sprache — in welcher Form auch immer — nicht ausschließt, so wird ihr doch bei weitem nicht die Bedeutung beigemessen, die ihr z. B. im Sprechtheater zukommt. Ziel des Bewegungstheaters ist es ja gerade, zu der überstrapazierten Kommunikationsform der Sprache ein Gegengewicht zu schaffen (nicht sie auszuschalten).

Dennoch ist das Bewegungstheater kein „Gefühlstheater". Die intellektuellen Fähigkeiten des Zuschauers werden bei der „Übersetzung" der Bilder in hohem Maße gefordert — bildhafte Darstellungen sind nicht so geläufig wie sprachliche —. Viele gedankliche Schlüsse lassen sich ziehen bei der Weiterverfolgung von Fäden, die bei der wörtlichen Übertragung sprachlicher Ausdrucksweisen in Bewegungsformen geknüpft werden.

1. Geeigneter Einstieg

Jeder Kursteilnehmer oder -leiter kennt die typische Anfangssituation: Eine Gruppe von Menschen sitzt im Kreis, noch unsicher umherblickend, zum Teil mit der Frage beschäftigt, wer denn schon welche Vorkenntnisse haben könnte, hier und da hat sich vielleicht ein unverbindliches Gespräch ergeben. Man wartet auf den Kursleiter, begierig zu wissen, was man denn so alles in den nachfolgenden Unterrichtsstunden lernen werde, und harrt des allgemein üblichen Fragenkataloges, welche Erfahrungen denn schon jeder im pantomimischen Bereich gemacht habe und was er insbesondere von diesem Kurs erwarte. So habe ich es häufig erlebt und in der Anfangszeit meiner Unterrichtstätigkeit selbst praktiziert. Schon falsch!

Daher mein Vorschlag: Verzicht auf jegliche Einführungsvorträge, ja sogar auf das gegenseitige Vorstellen, bis die Teilnehmer durch körperliche Betätigung ihre Anfangshemmungen verloren haben, bis im Spiel „Drähte" zueinander gefunden und die Sicherheit des Einzelnen in der Gruppe gewachsen ist.

Welche Übungen eignen sich nun für eine neu gebildete Gruppe? Ob eine der vier anschließend vorgeschlagenen oder eine ganz andere Anfangsübung gewählt wird, sie sollte drei Bedingungen erfüllen:

— Der einzelne Teilnehmer darf sich nicht durch die Gruppe beobachtet fühlen.
— Die Übung darf nicht zu schwierig sein.
— Die Übung soll die Aufmerksamkeit des Teilnehmers auf eine konkrete, eng begrenzte Aufgabenstellung konzentrieren.

7

Die folgenden vier Möglichkeiten haben sich als für den Anfang gut geeignet herausgebildet:

a) Der meditative Einstieg

Beim meditativen Einstieg stellt man die bewußte Wahrnehmung von Körperteilen, die Konzentration auf die Atmung und Anspannung / Entspannung voran. Übungsanweisungen:

— Spüre, welche Körperteile den Boden berühren / nicht berühren, mit welchem Druck die berührenden Körperteile aufliegen!
— Spüre das Gewicht der einzelnen Körperteile, indem du sie leicht anhebst (nur bis zur Ablösung vom Boden) und wieder senkst! Welche Kraft ist nötig? (Der Leiter nennt die einzelnen Körperteile: Arm, Bein, Kopf, Schultern, Hüfte, Rücken, außerdem Kombinationen aus diesen)
— Drücke die einzelnen Körperteile mit stetig wachsender Kraft gegen den Boden und entspanne sie danach wieder langsam. Achte darauf, daß du nur den entsprechenden Körperteil und nicht andere anspannst!
— Atme dabei gleichmäßig. Zähle jeweils bis 4. Bei „1'' atme ein, bei „2-3-4'' atme aus.
  Lege eine Hand auf die Brust, die andere auf den Bauch. Atme so, daß sich nur die linke Hand / nur die rechte Hand / beide Hände nacheinander / beide Hände gleichzeitig hebt / heben!
— Rolle in Zeitlupe über den Boden!
— Stehe in Zeitlupe auf verschiedene Arten auf und lege dich ebenso wieder hin. Mache dir den Bewegungsablauf bewußt! Welche Muskeln mußt du betätigen?

Ein meditativer Einstieg ist besonders dann geeignet, wenn der Kurs abends stattfindet und man davon ausgehen kann, daß die Teilnehmer von der Tagestätigkeit angestrengt sind und eine „Pufferzone'' zum Entspannen benötigen.

b) Der spielerisch lockernde Einstieg

Dieser Einstieg eignet sich bestens zum Abbau von Hemmungen und kann in jeder Altersstufe gleichermaßen erfolgreich beschritten werden. Außer der gemeinsamen Bewegung sind es die in diesen Übungen immer wieder auftretenden Anlässe zu gemeinsamem Lachen, die entspannend und lockernd wirken.

Haltung und Ausdruck

— „Zwei ist frei"
Bei diesem Spiel wird ein Fänger bestimmt. Die anderen können sich vor dem abgeschlagen werden dadurch retten, daß sie je **ein** anderes Gruppenmitglied berühren. Damit der Spielfluß erhalten bleibt, darf ein Paar nicht länger als fünf Sekunden beieinander bleiben.

— „Stehbildfangen"
Die Hälfte der Gruppe ist Fänger, die andere Hälfte flieht. Wer abgeschlagen wird, muß starr stehen bleiben, kann aber wieder erlöst werden, und zwar dadurch, daß ihm ein anderes Mitglied seiner Gruppenhälfte durch die Beine kriecht.

— „Känguruhfangen"
Jeweils zwei Spieler stellen sich hintereinander auf, wobei der hintere den vorderen umklammert. Hüpfend versucht nun dieses „Känguruh", andere „Känguruhs" zu fangen.

— „Bombe"
Ein Weichball wird zwischen den Spielern, die sich schnell im Raum bewegen, hin- und hergeworfen. Er darf von keinem Spieler länger als eine Sekunde in der Hand gehalten werden und auch nicht den Boden berühre, sonst „explodiert die Bombe", und alle Mitspieler lassen sich auf den Boden fallen.

— Ein Weichball wird auf möglichst originelle Art an den nächsten Mitspieler im Kreis weitergereicht. Dabei sollen die Hände nicht benutzt werden.

c) Bewegen nach Musik als Einstieg

Es ist empfehlenswert, auf einem Tonband einen Zusammenschnitt der verschiedenartigen Musikrichtungen (Klassik, Rock, Jazz . . .) anzufertigen, wobei die einzelnen Aufnahmen von kurzer Dauer sind und von gegensätzlichen

Musiktiteln oder -ausschnitten gefolgt werden. Dabei ist Musik zu bevorzugen, die genügend Raum zur freien Ausgestaltung läßt, vorzugsweise Instrumentaltitel, keine Tanzmusik.

— Gehen nach Musik
Die Gruppe geht im Raum umher, möglichst nicht im Kreis, und paßt Tempo und Form des Gehens der jeweiligen Musik an. Manchmal ergeben sich bereits im Verlauf dieser Phase kleinere gemeinsame Spielszenen. So ergab sich beispielsweise aus einer langsamen Orgelpassage eine Beerdigungsszene, aus einer Musik mit rhythmischer Trommelbegleitung eine von Sträflingen geruderte Galeere.

— Einander Begrüßen nach Musik
Dabei kann die Kontaktaufnahme beim Gehen durch den Raum erfolgen, oder die eine Gruppenhälfte steht im Abstand von einigen Metern der anderen gegenüber, die auf Stühlen sitzt. Beim Einsetzen der Musik geht jeder der stehenden Gruppenhälfte auf sein Gegenüber der sitzenden Gruppenhälfte zu und begrüßt dieses entsprechend der Musik, wobei der sitzende Teil auf die Begrüßung reagieren und mitspielen darf.

— pantomimische Aufgaben nach Musik
Kleinere, leicht zu lösende Aufgaben werden zu der Musik gestellt, z. B. sich zu einer Musik zu waschen, umzuziehen oder den Tisch zu decken. Diese Aufgabe kann der Leiter aus den vorangehenden Formen entwickeln. Die ständig wechselnde Musik sorgt hier für die nötige Komik, die entsteht, wenn sich jemand zu einer Opernouvertüre wäscht oder zu einer Flamencomusik den Tisch deckt.

d) Die Grundbewegung als Einstieg

Hierbei geht man von den Grundhaltungen und -bewegungen des Menschen aus und variiert diese: sitzen, stehen, liegen, knien, gehen, kriechen . . .

Auf der Grundbewegung des Gehens kann man folgende Aufgaben aufbauen:

— Gehe nur auf den Zehenspitzen / nur auf den Fersen / auf den Innenkanten des Fußes / auf seinen Außenkanten / mit nach außen gestellten Fußspitzen / mit nach innen gestellten Fußspitzen!
— Rolle die Fußsohle ab / setze die ganze Fußsohle auf!
— Gehe mit Riesenschritten / mit kleinen Trippelschrittchen!
— Gehe vorwärts / rückwärts / seitwärts / diagonal!
— Variiere die Geschwindigkeit (Zeitlupe / Zeitraffer)!
— Friere auf Signal die Bewegung ein (Stehbild)!
— Gehe in einer vorgegebenen Gemütsbewegung (hektisch, traurig, lustig, ängstlich . . .) Hierbei kann der Leiter Reizsätze vorgeben, die während des Gehens immer wieder gesprochen werden und so eine entsprechende Körperhaltung unterstützen: ,,Ich bin der Größte!'', ,,Wenn das mal gut geht!'', ,,Ein Königreich für ein Bett!'', ,,Ach, ist das schade!'' . . .
— Gehe im Raum umher und erfülle auf Signal die genannte Zwischenaufgabe! Zwischenaufgaben können sein:
Schüttele in 30 Sekunden so viele Hände wie möglich!
Schüttele so viele Hände wie möglich in einer verrückten Haltung!
Bild mit einem (oder mehreren) Partner(n) ein Denkmal!
Stelle das Sprichwort . . . wörtlich dar!

Auf der Grundlage des Stehens kann man folgende Aufgaben aufbauen:

— Finde die optimale Stehposition, in der du ökonomisch stehst und das Gewicht auf beide Füße gleichmäßig verteilt ist!
— Laß deinen gestreckten Körper vorsichtig nach vorn / nach rechts / nach links / nach hinten kippen bis an die Grenze des Gleichgewichts! Wo spürst du eine Anspannung? (vgl. Kap. 6.1 Spannung — Entspannung)
— Laß deinen Körper kreisen / pendeln wie ein Grashalm im Wind!
— Steh' auf einem Bein / auf den Zehenspitzen eines Beines!
— Führe die voranstehenden Aufgaben mit geschlossenen Augen aus!

Von den in a) bis d) beschriebenen Einstiegsübungen kann man ,,nahtlos'' zur pantomimischen Gymnastik übergehen.

2. Pantomimische Gymnastik

Jeder Kurs sollte von einer regelmäßigen Gymnastik begleitet werden, die den gesamten Körper erfaßt, nicht nur zur Verbesserung der körperlichen Beweglichkeit, sondern auch zur psychischen Entspannung. Es hat sich immer wieder gezeigt, daß die vorangehende Gymnastik dabei hilft, die „Eingangspassivität" einer Gruppe zu überwinden, die Spiellust steigert, mehr spontane Ideen fließen läßt und den Mut zum Vorspielen eines Einfalls erhöht. Partnergymnastik sowie die sich anschließenden Massageübungen verbessern das Gruppengefühl.

Die pantomimische Gymnastik ist auf eine Steigerung des Körper- und Bewegungsbewußtseins, nicht auf das Erreichen athletischer Höchstleistungen ausgerichtet. Daher ist immer darauf zu achten, daß die Übungen nicht in rhythmische Gleichförmigkeit übergehen, sondern daß die Reaktionen des Körpers bewußt wahrgenommen werden: Ich bringe meinen Körper in eine neue Position und beobachte, wie er reagiert.

2.1 Schwerpunkte der pantomimischen Gymnastik

— Am Anfang stehen **leichte Dehnübungen** mit langsamer Steigerung. Zu hoher Krafteinsatz ist wegen der Gefahr einer Überdehnung zu vermeiden.

— **Zeitlupengymnastik** fördert das Körperbewußtsein. Jede gymnastische Übung gewinnt an Wert, wenn sie in Zeitlupe durchgeführt wird.

— Der **Bauchmuskulatur** als pantomimisches Zentrum kommt eine besondere Bedeutung für fast jede Bewegung zu.

— **Spannung / Entspannung** ist die Atmung des Mimen. Sie stellt einen wichtigen Bereich innerhalb der pantomimischen Gymnastik dar.

— **Isolationsübungen** sollen die gezielte Anspannung einzelner Körperteile oder -bereiche bei gleichzeitiger Entspannung der anderen Körperteile ermöglichen.

— Die **Translation** (seitliche Verschiebung von Kopf, Oberkörper oder Hüfte) ist eine spezielle pantomimische Technik. Sie ist von Bedeutung für das pantomimische Seilziehen, Gehen auf der Stelle, Anlehnen, Lauschen . . .

2.2 Übungen zu den einzelnen Körperbereichen

für die **Wirbelsäule:**

*Katzenbuckel / Hohlkreuz
im Wechsel*

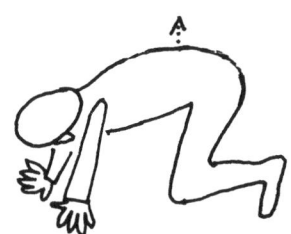

Laß dich ruhig mal hängen!

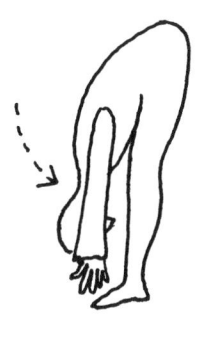

nach vorn　　　　*nach hinten*　　　　*zu beiden
Seiten*　　　　*Marionette*

Wiegen des Oberkörpers in alle Richtungen, Vorstellung: Grashalm im Wind, langsame, weiche Bewegungen

Hürdensitz (nicht an den Fußgelenken anfassen und mit Muskelkraft den Oberkörper hinunterziehen!)

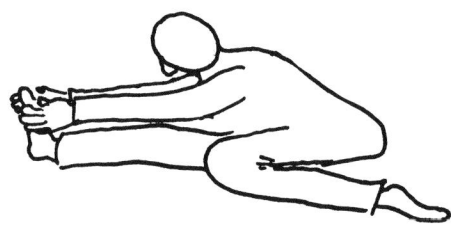

Wirbel für Wirbel abrollen

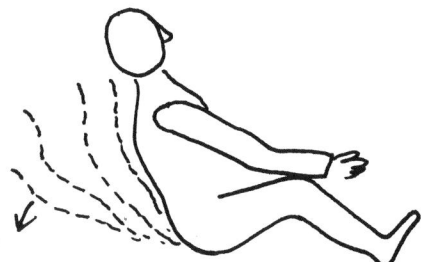

Wirbel für Wirbel gegen den Boden drücken

sich ganz klein machen . . .

dann mit den Händen nach vorn laufen und wieder zurück usw.

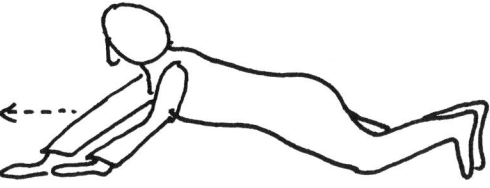

von der Ausgangsposition über Seitenlage rechts, Rückenlage und Seitenlage links in die Ausgangsposition zurück rollen. Dabei in jeder Lage kurz das Zentrum so hoch wie möglich bringen

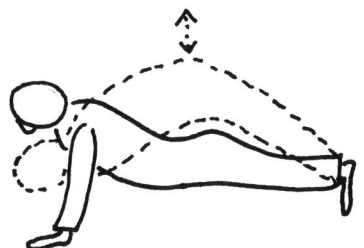 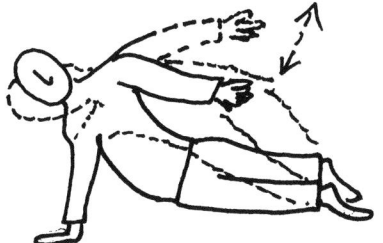 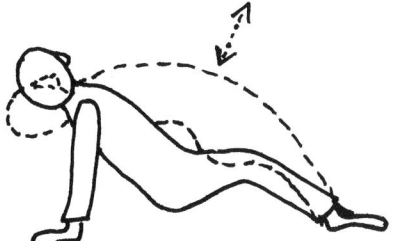

in der Hüfte angewinkelt stehen mit geradem / gebogenem Rücken
abwechselnd (fließender Übergang)

Oberkörperpendel (rechts / links, vorn / hinten und Kreisbewegung)

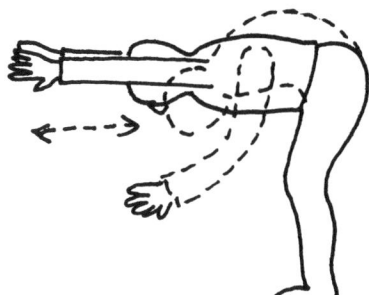

Strecksitz / Lockersitz

Kniebogen

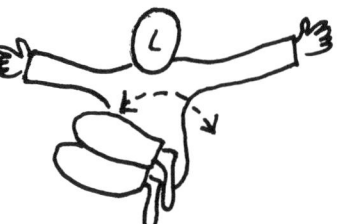

Translation (seitliche Verschiebung des Oberkörpers, die Schultern bleiben dabei auf gleicher Höhe, die untere Körperhälfte ist unbewegt.

für die **Bauchmuskulatur:**

Wippe

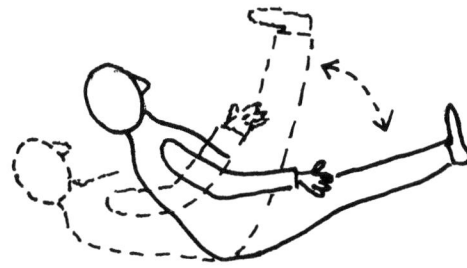

Käfer auf dem Rücken

zwischen zwei Stangen

Beine umkreisen einander (Partnerübung). Wenn einer der Partner in die Hände klatscht, Gegenrichtung kreisen

Beinen anziehen / strecken (in verschiedene Richtungen)

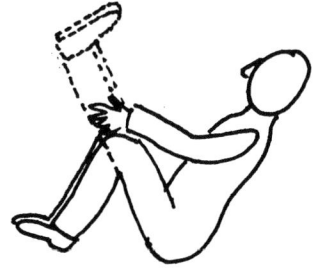

vom Zentrum her hochziehen

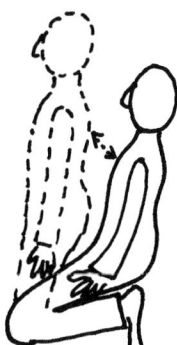

sich von einer imaginären Wand abdrücken . . .

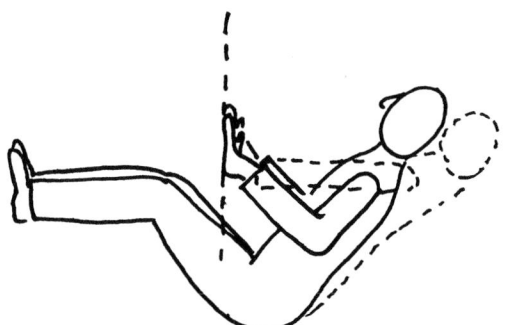

. . . und dann an einer imaginären Stange hochziehen

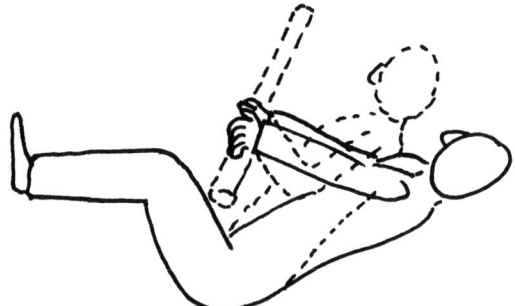

Dehnung und Kräftigung der **Beinmuskulatur:**

*Knie gegrätscht
leicht federn*

*Grätschsitz
Ellbogen abrollen*

*auf einem Bein stehend
in die Zehenspitzen gehen
und langsam wippen*

*in die Hocke gehen,
beide Fußsohlen
bleiben am Boden*

*abwechselnd, Zehenspitze
aufsetzen, Fuß abrollen*

Grätschsitz, den Ober-
körper zu einem Bein hin-
unterbeugen, ihn federnd
zum anderen Bein bewegen
und zurück

aus dem Schneider-
sitz jedes Bein
strecken, dann beide
Beine gleichzeitig

mit leicht angewinkelten Knien
stehen, die Knie nach außen bringen
und dadurch auf die Zehenspitzen
kommen, der Oberkörper bleibt unbewegt

Rückenlage, jedes Bein
kreist (möglichst große
Kreise) dicht über dem Boden

für **Kopf und Hals:**

den Kopf
abwechselnd
nach rechts
und links
beugen

den Kopf abwechselnd
nach vorn beugen
(Kinn auf die Brust)
und nach hinten

den Kopf parallel zum Erdboden
abwechselnd nach vorn und hinten verschieben (dabei nicht beugen)

Translation: Der Kopf verschiebt
sich seitlich, die Augen wandern
dabei auf einer geraden Linie
entlang

Kopf und Hals weit nach oben
recken / Kopf nach unten ein-
ziehen

Sprünge:

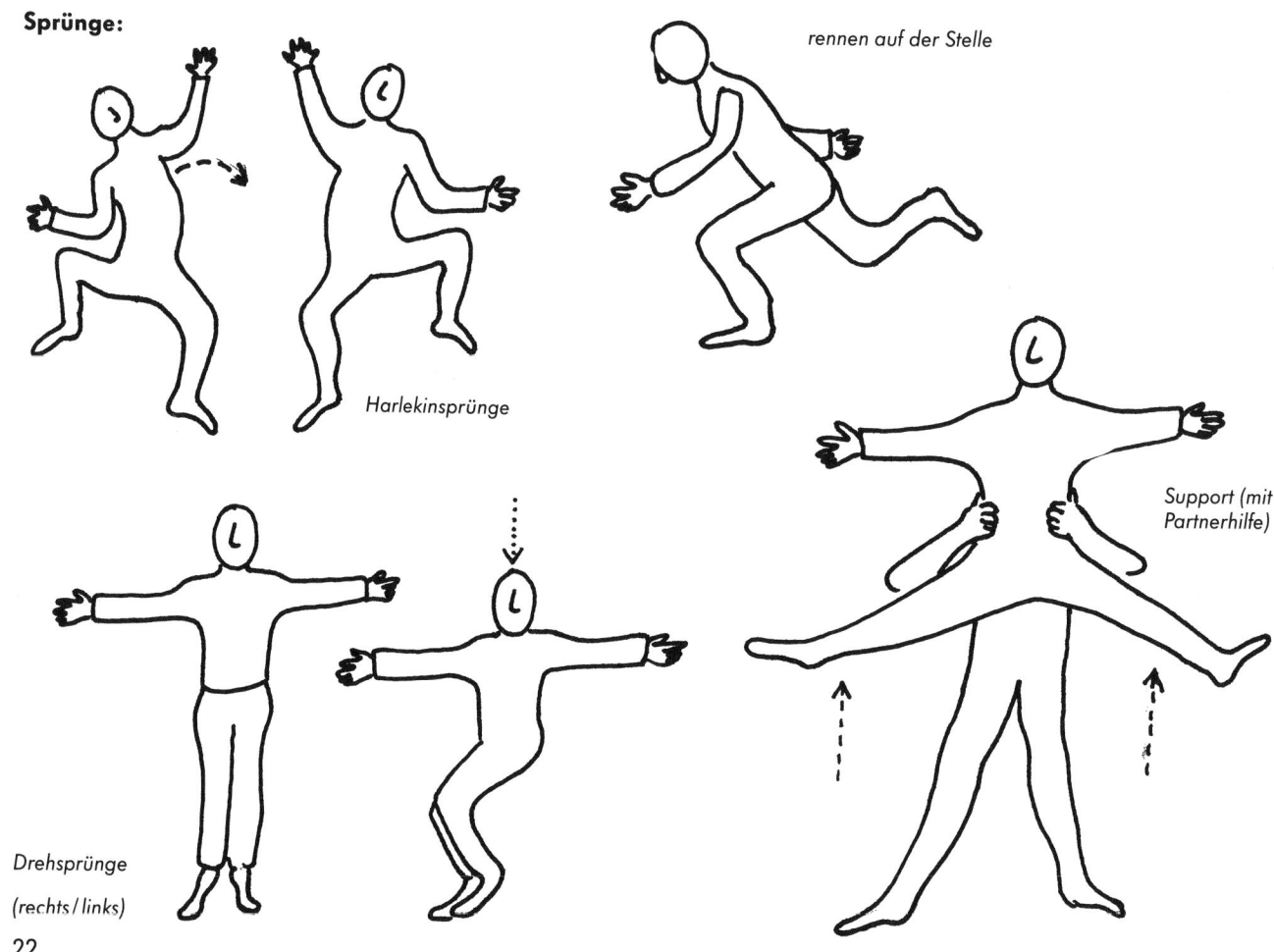

rennen auf der Stelle

Harlekinsprünge

Support (mit Partnerhilfe)

Drehsprünge
(rechts / links)

22

für **Arme und Hände:**

Scheibenwischer

Hände abklappen (beide Hände zugleich

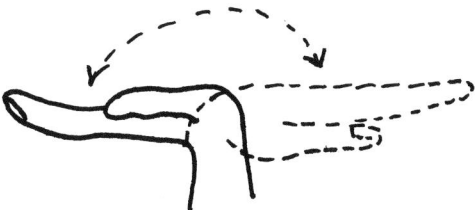

Wellenbewegung der Hände vor- und rückwärts

,,Honigschlecken''
Der Körper gleitet zwischen den gestreckten Armen
hindurch und bewegt sich kreisförmig nach oben,
wieder zurück nach hinten, Neubeginn

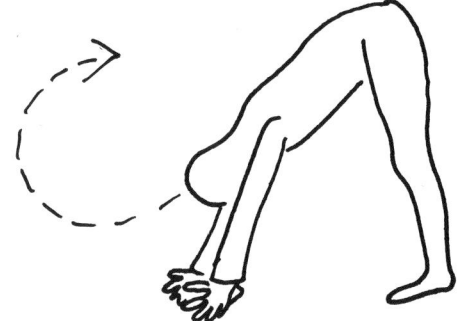

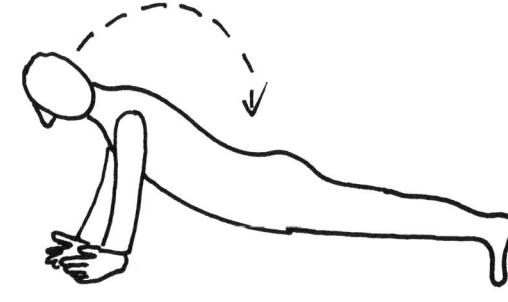

nach von kippen, das Körpergewicht mit Hilfe der Bauchmuskulatur abfangen und dadurch den Aufprall mildern

das Körperzentrum gleitet in verschiedene Richtungen, bleibt
dabei auf gleicher Höhe.

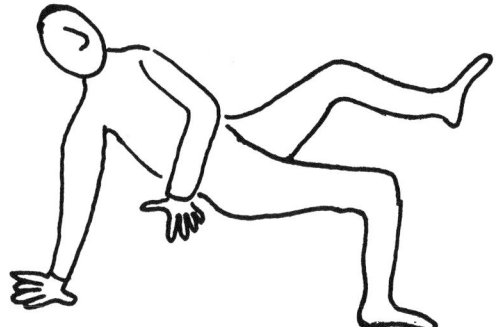

2.3 Die pantomimische Seereise — eine „Gymnastikgeschichte"

Diese Übung läßt sich mit viel Spaß bei Kindern und auch Erwachsenen durchführen. Hierbei wird das sture Hintereinander einer Reihe von Aufwärmübungen abgelöst durch eine Geschichte, die alle Übungen miteinander verbindet. Der Übungsleiter erzählt die Geschichte und macht alle Übungen selbst mit:

Text der Geschichte: Du liegst im Bett und träumst von einer Seereise, die du am folgenden Tag antreten wirst. Der Wecker klingelt, und du springst auf.
Gymnastische Übung: Bodenlage, auf Signal hochspringen

Du bist sehr spät dran und mußt dich beeilen.
rennen auf der Stelle

Du erreichst das Schiff im letzten Augenblick.
Riesensprung

Leider hast du ein altmodisches Schiff erwischt, auf dem die Passagiere selbst rudern müssen.
Ruderbewegungen in der Sitzposition, rhythmisches Kommando: „hey — hey — . . ."

Das Schiff sinkt, du mußt schwimmen. Da tauchen hinter dir die gefürchteten Dreiecksflossen auf, du mußt schneller schwimmen.
Kraulbewegungen

Du erreichst eine Insel
sich an Land ziehen

Du schaust dich um. Wo befindest du dich?
mehrmals hochspringen, in alle Richtungen schauen

Du dringst ins Innere der Insel vor.
sich durch Dickicht einen Weg bahnen, durch Morast waten

Du überquerst einen Bach.
in großen Sätzen von Stein zu Stein hüpfen

Eingeborene entdecken dich.
den Stammestanz mittanzen

Du kannst in einem günstigen Moment fliehen.
auf der Stelle rennen und dabei imaginären Speeren ausweichen

Du kannst auf einen Berg fliehen, der von den Eingeborenen gemieden wird.
Kletterbewegungen

Du winkst einem vorbeifliegenden Hubschrauber.
große Winkbewegungen

Du kletterst an einer Strickleiter in den Hubschrauber hoch.
hochklettern (imaginäre Leiter)

Der Hubschrauber fliegt mit dir davon.
Rückenlage, schnelles Kreisen der Beine in der Luft

Über deinem Heimatort springst du ab.
pantomimisches Fliegen

Du landest in deinem Bett. Alles war nur ein Traum. Da klingelt der Wecker, du springst auf.
Bodenlage, auf Signal hochspringen

Du bist spät dran . . . (siehe Anfang),
bis es einer merkt . . .

Diese Geschichte kann mit eigener Phantasie verändert und/oder ausgebaut werden. Solche Geschichten sind gleichermaßen zum Aufwärmen wie auch zum Wecken der Vorstellungskraft geeignet. Eine weitere Geschichte dieser Art ist der „Hexentraum": Du wirst von einer bösen Hexe in eine Schlange verwandelt, deine Bewegungen werden langsam zu Schlangenbewegungen. Da erscheint eine gute Hexe und will dir helfen. Doch sie erwischt den falschen Zauberspruch und verwandelt dich in eine Spinne. Erst auf vielen Umwegen (Kamel, Giraffe, Gemse, Pinguin . . .) gelingt es ihr schließlich, dir deine ursprüngliche Gestalt wiederzubeschaffen. (Eine andere Version besteht darin, daß die beiden Hexen einen Machtkampf gegeneinander führen und du zwischen ,,guten'' und ,,bösen'' Tieren/Wesen hin- und herverwandelt wirst. Diese Art von Gymnastikgeschichten regt auch die Vorstellungskraft an.

2.4 Ausklang einer gymnastischen Reihe

Wenn die Teilnehmer sehr außer Atem gekommen sind, sollten sie noch einige Runden in normalem Tempo weitergehen und ihre Atmung zur Ruhe kommen lassen. Anschließend wird eine Entspannungsphase günstig sein. Dazu eignen sich alle Arten von Massage. Beginnen kann man mit einer Klopfmassage. Dabei läßt sich ein Partner mit leicht angewinkelten Beinen stehend locker nach vorn hängen und wird von einem oder von zwei Partnern mit den Fingerspitzen rhythmisch abgeklopft, besonders der Rücken, die Oberschenkel, die Waden und die Schultern. Weiterhin können der Hals- und der Schulterbereich sanft massiert werden (kreisen und kneten). Der Ausführende kniet dabei hinter seinem Partner, der sich im Schneidersitz befindet. Die Massage endet mit einer Entspannungskontrolle, bei der Beine, Arme und Kopf (ohne Mitwirkung des Liegenden) leicht hochgehoben und sanft bewegt werden.

3. Übungen zur Sinnesschärfung und Sensibilisierung

Aus der großen Vielfalt gruppendynamischer Übungen möchte ich in diesem Kapitel einige beschreiben. Dabei kann diese Vorschlagsliste beliebig erweitert oder nach Bedarf variiert werden, wobei auch viele beliebte Gesellschaftsspiele — z.T. entsprechend abgeändern — übernommen werden können. Ich habe die Übungen in drei Teilgebiete aufgegliedert, und zwar in

a) Übungen zur Verbesserung der Gruppenatmosphäre, zur Entspannung und zum Aufbau von Vertrauen
b) Übungen zur Erhöhung der Vorstellungskraft und zur Sinnesschärfung
c) Übungen zur Verbesserung von Koordination und Kooperation

Diese Einteilung ist nicht immer scharf gegeneinander abzugrenzen, vielmehr sind die Grenzen oft fließend, und Übungen erstrecken sich auf mehr als eines dieser Gebiete. Ich habe in diesem Fall die Übung dem Bereich zugeordnet, bei dem ich den Schwerpunkt der Übung sehe.

Gruppendynamische Übungen erfordern viel Fingerspitzengefühl von Seiten des Leiters wie auch der Teilnehmer. Der Intensitätsgrad einer Übung muß dem Vertrautheitsgrad der Gruppe angemessen sein, und jeder Teilnehmer sollte die Möglichkeit haben, eine Übung nicht mitzumachen, sie vorzeitig zu beenden oder sie auf ein ihm angenehmes Ausmaß zu reduzieren.

Übungen zur Verbesserung der Gruppenatmosphäre, zur Entspannung und zum Aufbau von Vertrauen

Pantomimisches Vorstellen: Jeder nennt seinen Namen und macht dabei eine kleine Bewegung, die er als für sich typisch empfindet. Eine Variante der pantomimischen Vorstellung erfolgt zu zweit. Beide Partner haben Gelegenheit, sich miteinander zu unterhalten und von sich zu erzählen, anschließend stellt jeder seinen Partner der ganzen Gruppe vor, indem er dessen Interessen usw. pantomimisch darzustellen versucht.

Händedruck: Die Gruppe steht im Kreis und hält sich an den Händen. Die Augen sind geschlossen. Wer möchte, gibt einen **Händedruck** nach rechts oder links weiter. Es darf auch ein sehr spezieller Händedruck sein (ein besonders sanfter oder kräftiger, ein Vibrieren der Hand c. ä.). Wer einen Händedruck empfängt, gibt ihn in der gleichen Art zur anderen Seite weiter, so daß bald viele verschiedene Händedrucke in beide Richtungen kreisen und jeder seinen eingegebenen Händedruck nach kurzer Zeit zurückerhält.

Summton: Die Gruppe steht im Kreis. Ein Gruppenmitglied beginnt einen Summton. Die anderen stimmen in diesen Summton ein. Der Ton variiert, bis schließlich ein gemeinsamer Gruppenton gefunden ist.

Ritual: Irgendein alltäglicher Gegenstand wird zum verehrungswürdigen Objekt erklärt und von der Gruppe mit einem Kulttanz bedacht.

Wackelkreis: Die Gruppe steht eng nebeneinander im Kreis. Der Kreis beginnt langsam zu schwingen, bis diese Bewegung schließlich wieder abebbt und der Kreis zum Stillstand kommt.

Geschichten erzählen: Sehr schön ist die Übung bei Kerzenlicht. Einer beginnt eine selbst erdachte Geschichte. An irgendeiner Stelle der Geschichte hört er auf und sucht per Augenkontakt einen Nachfolger, der die Geschichte weitererzählt. Es ist auch möglich, zwischendurch beim Erzählen Wörter auszulassen, die dann spontan von einem anderen Gruppenmitglied eingesetzt werden.

Lächeln: Die Gruppe sitzt im Kreis. Jemand gibt ein Lächeln weiter, indem er es symbolisch mit seinen Händen einer anderen Person zuwirft. Der Empfänger nimmt das Lächeln mit dem Gesicht entgegen und gibt es dann in der beschriebenen Art weiter.

Lächeln (2): Alle gehen im Raum umher und machen ein trauriges Gesicht. Doch jeder darf das Gesicht eines anderen Gruppenmitglieds in ein lächelndes verwandeln, indem er es mit der Hand sanft überstreift.

Zauberer: Der Gruppenleiter bestimmt jemanden durch heimliches Antippen zum Zauberer. Dieser Zauberer kann, während die ganze Gruppe im Raum umhergeht, durch eine Berührung jeden versteinern. Die Erlösung aus dieser Versteinerung geschieht über eine Umarmung durch einen anderen Spieler von hinten.

Tragen: Jedre wird unter Mithilfe der gesamten Gruppe durch den Raum getragen und sanft abgesetzt. Bei sehr großer Gruppenstärke sollte die Gruppe geteilt werden.

Kippkreis: Diese Übung ist als Vertrauensübung sehr bekannt und wird häufig praktiziert. Eine Person steht mit geschlossenen Augen in einem engen Kreis von Mitspielern und läßt sich in eine beliebige Richtung kippen. Dort wird er federnd aufgefangen und zurückgedrückt, um dann in eine andere Richtung zu kippen. Das Zurückdrücken sollte über die Kreismitte erfolgen, weiterhin muß die Gruppe dicht genug zusammenstehen, um das Gewicht auffangen zu können.

Klopfmassage: Wer massiert werden soll, stellt sich mit leicht angewinkelten Knien hin und läßt den Oberkörper möglichs entspannt nach unten hängen. Zwei Partner rechts und links von ihm klopfen nun mit den Fingerspitzen seinen Körper ab, beginnend bei den Waden über die Oberschenkel, die Hüfte, den Rücken, die Schultern bis hin zu den Armen. Danach erfolgt der Wechsel, so daß jeder an die Reihe kommt. Diese Übung ist sehr entspannend nach anstrengender Gymnastik. (Es können auch Zeichen für „heftiger" oder „sanfter" vereinbart werden.)

Entspannungskontrolle: Sie kann nach der Massage erfolgen. Der zuvor massierte Spieler legt sich flach auf den Boden. Die beiden Partner heben seine Körperteile leicht an und wiegen sie ein wenig in der Luft. Dabei spüren sie sofort, wenn der entsprechende Körperteil nicht entspannt ist, sondern aktiv mitbewegt wird. Die Übung wird an Armen, Beinen und dem Kopf durchgeführt.

Wiege: Jeweils ein Partner wiegt den anderen auf seinem Rücken.

Schubbern: Beide Partner stehen Rücken an Rücken und schubbern sanft bis kräftig aneinander.

Hand-/Fußspiel: Beide Partner stehen mit geschlossenen Augen einander gegenüber und drücken ihre Handflächen gegeneinander. Sie spielen mit den Händen, kreisen, pendeln usw. Impulse dazu können auch aus einer langsamen Begleitmusik kommen. Für das Fußspiel legen sich beide Partner so auf den Rücken, daß sich ihre Fußsohlen in der Luft berühren. Sie spielen nun in ähnlicher Weise mit dem Kontakt ihrer Füße wie zuvor beim Handspiel.

Kopfwiege: Ein Partner legt seinen Kopf auf ein am Boden ausgebreitetes Tuch (Kopftuch o. ä.). Der andere Partner nimmt die Enden des Tuches in die Hand und hebt damit den Kopf des Partners leicht vom Boden ab, läßt ihn sanft hin und herpendeln und kreisen und führt ihn am Ende ebenso sanft zum Boden zurück.

Stern: Die Gruppe liegt auf dem Rücken, alle Köpfe kommen in der Mitte so nah wie möglich zusammmen. Langsam heben sich die Hände in die Luft, gehen „spazieren", treffen andere Hände, begrüßen diese und streicheln sie, tasten ihre Form ab. Schließlich greift jede Hand genau eine andere. Bei gerader Anzahl von Händen geht's genau auf. Jetzt stehen alle auf, ohne einander loszulassen, und versuchen, das Knäuel zu entknoten durch darüber Steigen und darunter Herkriechen. Eine spaßige Abschlußübung für einen Kursabend.

b) Übungen zur Erhöhung der Vorstellungskraft und zur Sinnesschärfung

Vorstellungskraft: Du stellst dir vor, du gehtst barfuß auf feinem Sand, auf heißen Steinen, auf Glassplittern, auf weichem Moos, auf glitschigen Felsen, auf feuchter Wiese, auf morastigen Wegen . . . Du stellst dir vor, du bist in einem eisig kalten Raum, in einem sehr schwülen Raum, in einem völlig dunklen Raum, in einem Spukschloß, auf einem Speicher mit viel Gerümpel . . .

Du stellst dir vor, du hast großen Hunger / Durst, du bist müde . . .

Ihr stellt euch zusammen vor, ihr seid auf einem fremden Planeten gelandet, ihr seid auf der Suche nach dem Brunnen der ewigen Jugend, ihr habt eine Riesenkartoffel gefunden . . .

Blinder Fotoapparat: Jeder wird mit geschlossenen Augen von einem Partner durch den Raum oder — wenn möglich — auch in anderen Räumen oder im Freien herumgeführt. Ab und zu drückt der Führende dem Geführten die Hand, worauf dieser kurz die Augen öffnet, jedoch nur für den Bruchteil einer Sekunde. Nach einiger Zeit wechseln die Partner, und am Ende tauschen beide ihre Erlebnisse aus. Der Reiz dieser Übung liegt darin, daß selbst die alltäglichsten Gegenstände durch einen ungewöhnlichen Blickwinkel und durch die Kürze der Betrachtung eindrucksvoll im Gedächtnis haften bleiben.

Folgen: Die Gruppe sitzt im Schneidersitz über den Raum verteilt. Der Leiter durchquert mit hörbaren Schritten den Raum. Die Gruppenmitglieder folgen mit geschlossenen Augen diesen Schritten, indem sie ihren Kopf in Richtung des gehörten Geräusches drehen / den ganzen Oberkörper in die Richtung drehen / in die Richtung des Geräusches zeigen / aufstehen und vorsichtig in diese Richtung gehen.

Abtasten: Einer der beiden Partner nimmt eine möglichst außergewöhnliche Haltung an, die der andere nicht sehen darf (Augen zu!). Der zweite Partner tastet mit geschlossenen Augen diese Haltung ab und versucht, sie nachzustellen. Wenn er der Meinung ist, die Aufgabe erfüllt zu haben, öffnet er die Augen und vergleicht. Wechsel.

Kontur: Einer von beiden Partnern umfährt mit seinen Händen die Umrisse des anderen. Zwischendurch schließt er die Augen und versucht, die Konturen des Partners in dichtem Abstand zu dessen Körper zu umfahren, jedoch ohne Berührung.

Lotse: Die ganze Gruppe bewegt sich im Raum, wobei von zwei Partnern immer je einer mit geschlossenen Augen geht und dabei vom anderen durch ein vorher bestimmtes

Geräusch geleitet wird. Der geleitete Partner geht also immer in Richtung des ständig im Raum wandernden Tones. Dabei muß die Lenkung so erfolgen, daß niemand zusammenstößt oder gegen ein Hindernis läuft.

Man kann seinen Partner auch dadurch ablenken, daß man ihn ständig mit Namen anruft.

Wald der Töne: Die Gruppe ist im Raum verteilt. Ein Spieler geht mit geschlossenen Augen durch den Raum. Wenn er sich dabei einer anderen Person nähert, gibt diese einen Laut von sich. Der einzelne Spieler orientiert sich an diesen Lauten und versucht, auf diese Weise mit geschlossenen Augen den Raum zu durchqueren, ohne einen Mitspieler zu berühren.

c) Übungen zur Verbesserung von Koordination und Kooperation

Figuren bilden: Die Gruppe versucht auf Zuruf, verschiedene Figuren zu bilden, ohne dabei zu reden oder in einer anderen Weise dirigierend in den Prozeß einzugreifen. Ein Kreuz, ein Oval, ein Quadrat, ein gleichseitiges Dreieck, ein Fragezeichen, einen Doppelpunkt, verschiedene Zahlen, verschiedene Buchstaben in Druck- oder Schreibschrift. Für diese Übung ist eine Mindestgruppenstärke von etwa 12 Personen sinnvoll.

Gegenstände tragen: Jeweils zwei Personen tragen gemeinsam eine imaginäre Glasscheibe, einen Balken, eine schwere Kiste, eine Bahre oder eine Kugel.

Spiegelpantomime: Als Erweiterung der einfachen Form der Spiegelpantomime, bei der die Bewegungen des Gegenübers spiegelbildlich nachgeahmt werden, gibt es den „Zerrspiegel", bei dem die Bewegung des Gegenübers verzerrt, vergrößert, verfremdet wiedergegeben wird.

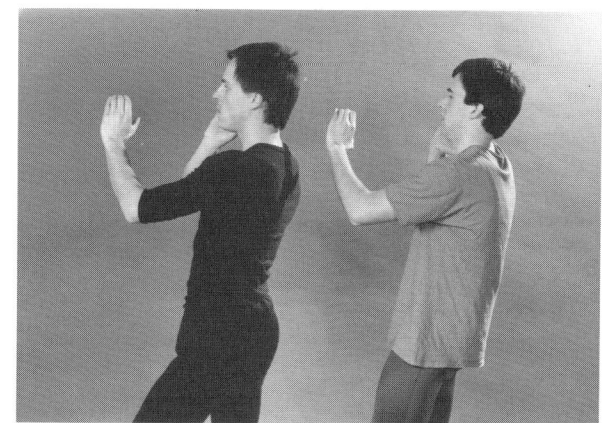

Stange tragen

Glasscheibe tragen

Spiegeltanz: Je zwei Partner durchqueren miteinander den Raum. Sie gehen dabei in ihren Bewegungen deutlich sichtbar aufeinander ein. Es ist hier also nicht unbedingt notwendig, die gleichen Bewegungen zu machen, es genügt eine gemeinsame Brücke wie gleicher Rhythmus, gleiche Raumrichtung, gleiche Raumhöhe oder . . .

Kommunizieren: Dies Übung wird in Viererngruppen durchgeführt. Je ein Spieler bewegt sich frei, die drei anderen kommunizieren zu seinen Bewegungen.

Solo: Die Gruppe ist im Raum verteilt. Es wird vereinbart, daß sich immer nur eine Person (zwei Personen / drei Personen) gleichzeitig bewegen darf (dürfen). Jeder Spieler muß hierbei also die gesamte Gruppe im Auge behalten und ein gutes Gespür für Bewegungsabsichten der anderen entwickeln.

Raumspiel: Die Gruppe ist im Raum verteilt. Jeder wechselt an einen Platz im Raum, an dem möglichst viel freie Fläche vorhanden ist. Entstehende Lücken werden blitzschnell durch andere Spieler gefüllt.

Raum füllen: Die ganze Gruppe tanzt im Raum und versucht dabei, mit großen Bewegungen möglichst viel Raum in alle Richtungen optisch zu füllen.

Duo: Es hört sich schwierig an, aber wenn man es langsam und deutlich macht, klappt es. Zwei Akteure versuchen ohne Absprache, eine gemeinsame Rede mit den dazu passenden Bewegungen zu gestalten, und zwar völlig synchron. Viel Spaß!

Denkmal gestalten: Das Denkmal wird aus einigen Metern Entfernung geformt, indem man seinem Partner durch Körpersignale zu verstehen gibt, welche Veränderung man an ihm bewirken will. Dieser reagiert so, wie er die Signale versteht, auch wenn dabei etwas anderes herauskommt als beabsichtigt war. Nicht erlaubt ist es, dem Partner die Haltung vorzumachen, die er einnehmen soll.

Zuschauer: Die Gruppe verfolgt gemeinsam verschiedene Ereignisse und soll diese mit ihrem Blick, der Spannung und ihre Reaktionen verdeutlichen. Diese Ereignisse können sein: ein Fußballspiel, ein Tennismatch, ein Golfspiel, ein Springreiten, Sackhüpfen, ein Kunstflug, Tischtennis, ein Autorennen, ein Schachspiel, Geräteturnen, Eiskunstlaufen, ein Boxkampf, ein Fallschirmspringen, ein Feuerwerk, Turmspringen der Schwimmer.

Schachbrett: Auf den Boden wird ein Quadrat mit vier mal vier Kästchen gezeichnet (Kreide). Jedes dieser insgesamt 16 Kästchen hat eine Seitenlänge von etwa einem halben Meter. In diesem Quadrat nehmen drei Personen ihre Stellung ein, d. h. jede Person stellt sich in eines der Kästchen. Die drei Personen wechseln nun rhythmisch ihren Standpunkt, indem sie auf ein benachbartes Feld treten (nur waagerechte und senkrechte Bewegungen auf dem Spielfeld sind erlaubt, die Schritte können jedoch vorwärts, rückwärts oder seitwärts gemacht werden). Es entsteht ein in Schrittfolgen dargestellter Beziehungsverlauf zwischen den drei agierenden Personen, Spannung erwächst aus der Akzentuierung und der Aufeinanderfolge der Schritte sowie auch aus der Stellung der Personen zueinander: Kontaktaufnahmen, ausweichen, voneinander abwenden, dazwischen stehen, eindringen, isoliert sein, sich in den Weg stellen, in die Enge treiben . . . Einen interessanten Aspekt erhält die Übung in der Konstellation mit zwei männlichen und einem weiblichen oder mit einem männlichen und zwei weiblichen Akteuren.

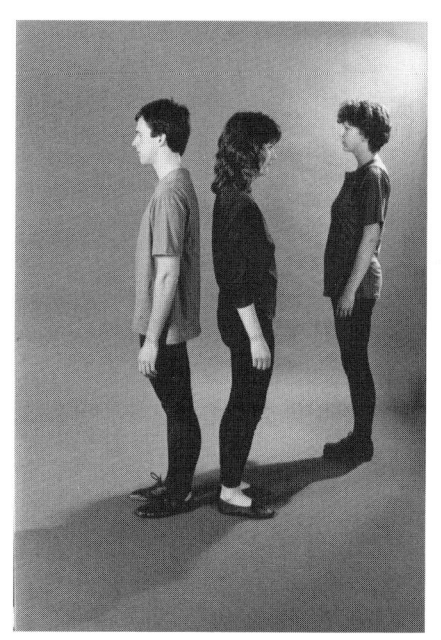 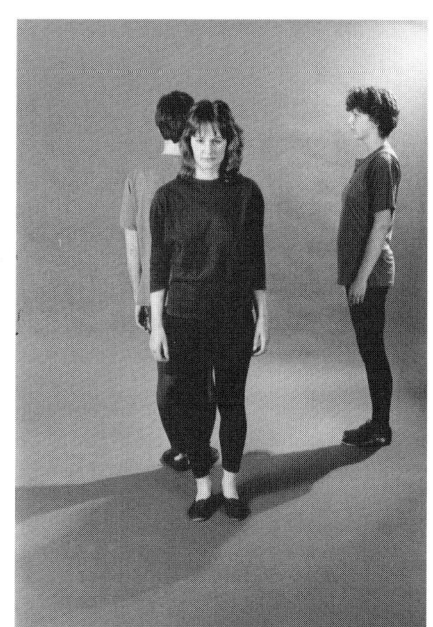 

Schachbrett

33

4. Die klassischen Pantomimetechniken

Die Pantomime ist eine Form der Imagination: Der Pantomime kann Gegenstände und Personen beliebig erschaffen, verändern, verschwinden lassen. Seine Hand ist leer, und doch sieht der Zuschauer fast greifbar den Gegenstand in seiner Hand, kann genau die Stelle orten, an der sich die imaginäre Person befindet, die der Pantomime mit den Augen fixiert. Die physikalischen Gesetze, die den Umgang mit realen Gegenständen einschränken, gelten für den Pantomimen nicht. Er kann Dinge in der Luft abstellen, sich in Ruhe die Nase putzen und diese Dinge dann aus der Luft wieder hervorholen, ja sogar das Fliegen ist für ihn kein Problem. Hierin liegt der außergewöhnliche Reiz der Pantomime, aber zugleich auch ihre Schwäche. Denn die hohe Publikumswirksamkeit der pantomimischen Techniken verleiten dazu, den Inhalt gegenüber der äußeren Form zu vernachlässigen. Die Form wird selbst zum Inhalt. Aus diesem Grund halte ich es für gerechtfertigt, die Pantomimetechniken als **ein** Ausdrucksmittel im Bewegungstheater zu behandeln, aber nicht als das vorrangige. Das Studium der Körperbewegung unter physikalischem Aspekt ist allerdings eine wichtige Möglichkeit, sich mit dem eigenen Körper und seinen Funktionen besser vertraut zu machen, weshalb der Pantomime in der Übungsphase ein pädagogischer Wert zukommt.

Ich beschränke mich in diesem Kapitel auf die Darstellung der grundlegenden Gesetzmäßigkeiten der Pantomime, mit denen sich jeder, der Pantomime lernt, vertraut machen sollte, und verweise für diejenigen, die sich speziell mit der Pantomime weiter beschäftigen wollen, auf das

Standardwerk von Jean Soubeyran (Die wortlose Sprache) und auf das Buch von Anke Gerber (Anatomie der Pantomime).

4.1 Der imaginäre Gegenstand

Die erste Stufe zum pantomimischen Umgang mit Gegenständen ist die Rückbesinnung auf den echten Gegenstand. Aus diesem Grund sollte, wenn möglich, zuerst der echte Gegenstand abgetastet, auf seine Form und sein Gewicht untersucht werden. Sodann erfolgt der Übergang zur Pantomime, und zwar in der Reihenfolge Blickkontakt — Berührung — Gebrauch. Schon bevor ich den imaginären Gegenstand mit den Händen berühre, kann ich dem Zuschauer wichtige Aspekte über die Größe des Gegenstandes, über seine Lage im Raum vermitteln. Auch meine Gefühle zum Gegenstand müssen spürbar werden.

Vermittelt er mir ein angenehmes oder eher ein unbehagliches Gefühl? Freue ich mich auf den Kontakt mit ihm, oder löst er in mir ängstliches Mißtrauen aus? Nun nehme ich den Gegenstand in die Hand. Der Gegenstand zwingt meiner Hand seine Form auf, die vorher entspannte Hand ist jetzt angespannt, und zwar umso mehr, je schwerer der Gegenstand ist.

Übungen dazu: Meine Hand umschließt verschiedene Gläser, die vor mir auf dem Tisch stehen, hebt das jeweilige Glas leicht an, setzt es wieder ab, löst den Griff. Ich stelle so die Hand auf verschiedene Formen ein. Ich fahre fort mit mehreren gleich großen Bierkrügen, von denen jeder verschieden gefüllt ist (von leer bis randvoll). Meine Hand verdeutlicht das verschieden große Gewicht durch entsprechend starke Anspannung der Hand oder — bei größeren Gewichten — sogar des ganzen Armes. Die Kontrolle

Wenn die Zuschauer eine Handlung nicht verstehen, liegt die Ursache meist beim Pantomimen

erfolgt innerhalb der Gruppe gegenseitig, Fehler werden meist sofort bemerkt und können auch beschrieben werden.

Nun ist der Augenblick gekommen, den „Toc" einzuführen. Der Toc ist ein kleiner Ruck, mit dem in der Pantomime jede Bewegung beginnt und auch endet. „Der Toc unterstreicht die Bedeutung eines Handlungsmomentes, so wie ein Strich unter einem Wort die Bedeutung dieses Wortes unterstreicht (Soubeyran: Die wortlose Sprache, S. 11). Der pantomimische Bewegungsablauf ist also nicht fließend wie teilweise der Tanz, sondern wird durch die „pantomimische Interpunktion, den Toc" (ebenso, S. 11) rhythmisiert.

Eine Forderung, deren Erfüllung dem Pantomimeschüler immer wieder Schwierigkeiten bereitet, ist die nach Eindeutigkeit in der Darstellung. Als Einstiegsübung dazu empfiehlt sich das Thema „Essen und trinken verschiedener Speisen und Getränke". Hier müssen die individuellen Besonderheiten der einzelnen Nahrungsmittel deutlich herausgearbeitet werden. So hat beispielsweise ein Apfel die gleiche Form und Größe wie ein Pfirsich, wird aber kraftvoll angebissen, während jener mehr gelutscht wird, wobei man sich leicht vornüberbeugt, um sich nicht mit Saft zu bekleckern. Jeder in der Gruppe ißt bzw. trinkt reihum eine imaginäre Speise / ein Getränk, die Gruppe beobachtet genau und bespricht anschließend die charakteristischen Einzelheiten und deutliche oder mißverständliche Lösungsansätze.

Oft ist die Darstellung eines Handlungsablaufs zu schnell, die Zuschauer sind dadurch nicht in der Lage, die Handlung zu verstehen. In diesem Fall liegt die Ursache beim Pantomimen, denn das Verständnis seines Spiels darf nicht Ergebnis eines geglückten Ratevorgangs sein, der Zuschauer braucht Zeit, um das Gesehene umzusetzen, und diese Zeit muß der Pantomime ihm einräumen. Eine Hilfe für den Spieler ist dabei der innere Text: Der Spieler spricht innerlich seine Gedanken, Fragen, Ausrufe usw., während er spielt. Beispiel: Der Pantomime findet auf der Bühne einen imaginären Gegenstand und untersucht diesen. Innerer Text: „Was ist denn das? Ich muß mir das Ding doch mal näher betrachten. Was man wohl damit machen kann! . . ."

Weitere Themen, die es ermöglichen, den pantomimischen Umgang mit Gegenständen zu üben:

Geschenkekiste (In der Kreismitte steht eine Kiste mit ein-gepackten Geschenken. Jeder darf sich eines davon herausnehmen, es auspacken und der Gruppe vorstellen.)

Auktion (Die verschiedensten Gegenstände, auch viele verrückte Dinge, kommen zu Versteigerung und werden von den Teilnehmern der Auktion in Empfang genommen).

Speicher (jemand klettert auf den Dachboden und findet dort viele antike Gebrauchs- und Einrichtungsgegenstände)

Umgang mit den Grundformen Fläche, Linie, Kugel
Fläche: Als Vorübung zur pantomimischen Darstellung der Wand tasten wir reale Wände ab, Steinwände, Holzflächen, stoffbezogene Flächen, Glasscheiben, poröses Mauerwerk und glatte Holzpaneele (je nach vorhandenen Möglichkeiten). Wir prägen uns dabei besonders die Handstellung ein, die sich ergibt, wenn wir unsere Hände gegen eine Fläche drücken. Diese Handstellung behalten wir bei und drehen uns mit ihr um in den freien Raum. Jetzt haben wir vor uns eine imaginäre Wand erschaffen. Die Finger sind dabei etwas gespreizt, um eine größere Wandfläche abzudecken. Am besten gelingt die Darstellung der Wand, wenn man die Handflächen im optimalen eigenen Sichtbereich, etwa in Augenhöhe, die Wände berühren läßt. Nun lösen wir jeweils eine Hand von der imaginären Wandfläche, dabei entspannt sich die Hand sogleich, wird an eine andere Stelle der Wand gedrückt und dabei wieder angespannt. Sowohl das Anlegen wie auch das Ablösen der Hand von der Wandfläche geschieht mit dem schon bekannten Toc. Häufig dabei auftretende Fehler: a) Die Handfläche ist keine ebene Fläche, sondern sie ist nach innen oder außen gewölbt. b) Beide Hände sind nicht in

Fehler: Die Handfläche ist keine ebene Fläche

Fehler: Beide Hände sind in verschiedenen Ebenen

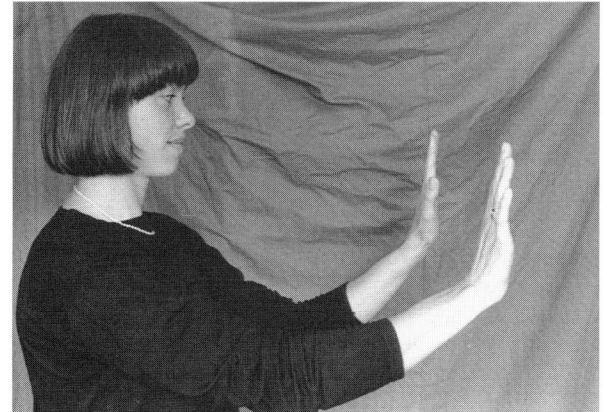

einer Ebene. c) Die Handflächen stehen nicht senkrecht zum Erdboden, sondern kippen in die Wand hinein. d) Einzelne Finger kippen in die Wand hinein.

Geeignete Themen für die Darstellung der Fläche:
— Fensterputzer
— Tapezierer
— Tisch decken
— Eine Schallplatte reinigen
  und auflegen
— Ein Bild aufhängen
— Drehtüre
— Teppich klopfen
— ein Bild auf eine
— Leinwand zeichnen
— Anstreicher
— Plaktakleber
— Fußbodenpflege
— Kacheln / Fliesen legen

Linie: Der Kontakt mit dem realen Objekt kann hier mit Stäben erfolgen. Jeder hält einen Holzstab (z. B. Besenstiel) in beiden Händen und greift häufig um, ändert die Lage des Stabes. Der Stab wird wahlweise mit einer oder beiden Händen gehalten, in der Mitte oder an den Enden angefaßt oder mit einem Finger balanciert. Als Partnerübung kann auch ein Stab zwischen zwei Personen übergeben werden. Auch hier soll jede Bewegung langsam und bewußt durchgeführt werden, Hauptaugenmerk sollte auf die Handstellung und den Kraftaufwand gerichtet werden, der zum Tragen des Stabes notwendig ist.

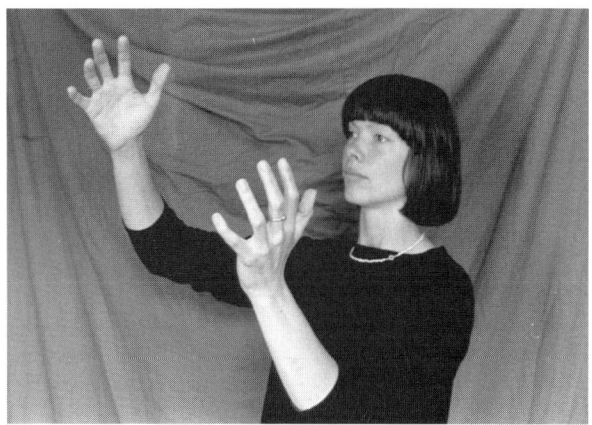

Kugel

Fläche

Die gleichen Handgriffe werden anschließend pantomimisch durchgeführt. Dabei ist zu beachten, daß die Hand nicht ganz zur Faust geschlossen wird, sondern eine dem Ausschnitt des Stabes entsprechende Öffnung freiläßt. Ein Partner schiebt als Kontrolle hin und wieder den echten Stab durch die um den imaginären Stab geschlossenen Hände und deckt so Fehler in der Handhaltung auf. Der am häufigsten auftretende Fehler besteht darin, daß statt der beabsichtigten geraden Linie eine gebogene Linie in die Luft gezeichnet wird, weil die Hände anatomisch bedingt dazu neigen, einen Kreis um die Körperachse zu beschreiben.

Die Weiterführung dieses Themenbereiches besteht im Austragen eines pantomimischen Stabkampfes, wobei die Darsteller abwechselnd in Zeitlupe einen Schlag oder Stoß in Richtung des Gegners ausführen, der seinerseits jeden Angriff mit Hilfe eines imaginären Stabes pariert oder dem gegnerischen Stab durch Ducken oder Überspringen ausweicht. Da diese Art von Stabkampf von ihrer Struktur her kein echter Kampf ist, sondern auf einen harmonischen gemeinsamen Bewegungsfluß abzielt, ist die Übung auch für Kindergruppen oder Jugendliche zu empfehlen.

Eine weitere Übung zum Thema „Stab": Die Gruppe steht im Kreis. Der erste Spieler stellt eine Szene mit einem stabförmigen Gegenstand dar und reicht diesen im Anschluß daran an seinen Nachbarn weiter. Der Nachbar verändert diesen Gegenstand in einen anderen ebenfalls stabförmigen Gegenstand, macht also zum Beispiel aus einer Angelrute einen Dirigentenstock, aus einer Querflöte einen Regenschirm, aus einem Ruder ein Fernrohr und dergleichen. Wenn dabei Fehler gemacht werden — wenn also die Angelrute so dick wie ein Ofenrohr dargestellt wird u. ä. — werden diese unmittelbar nach der Vorführung besprochen. Es ist nicht günstig, durch Zwischenrufe das Spiel zu unterbrechen.

Kugel: Als reales Ausgangsobjekt sind sämtliche Arten von Bällen, außerdem Luftballons oder Seifenblasen geeignet. Daran knüpft das pantomimische Ballspiel an, bei dem sich die Spieler paarweise die verschiedensten Bälle zuwerfen, vom leichten Tennisball, den man ohne Mühe mit einer Hand fangen kann, bis zum schweren Medizinball, unter dessen Gewicht man beim Fangen um einige Schritte zurücktaumelt. Obwohl die Übung sehr spielerisch ist, erfordert sie eine hohe Konzentration auf den Partner, wenn keine Mißverständnisse entstehen sollen. Die Koordination wird erleichtert, wenn beide Partner dem geworfenen Ball mit den Augen folgen. So kann der Werfende dem Empfänger auch deutlicher signalisieren, ob der Ball direkt oder in hohem Bogen geworfen wird.

Ein wesentliches Merkmal des Luftballons ist sein durch das geringe Gewicht bedingt langsamer Flug. Wird er in die Luft geschlagen, bekommt er zunächst einen heftigen Bewegungsimpuls (darstellbar durch eine ruckartige Kopfbewegung des Betrachters), um dann sanft zur Erde zu schweben. Der Pantomime spiegelt die Bewegung des Luftballons, sein Zentrum erweitert sich und zieht sich wieder zusammen, er wird selbst zum Ballon.

Eine weitere Spielaufgabe zum Thema „Kugel" für die ganze Gruppe: Schnellballschlacht oder Schneemänner bauen.

Wenn die pantomimischen Grundlagen zu den Themen „Fläche, Linie, Kugel" erarbeitet sind, kann als weitere, erheblich schwierigere Stufe ein Koordinationsthema für die gesamte Gruppe aufgegeben werden:

Zum Thema „Fläche": Die Gruppe geht durch ein Labyrinth. Alle folgen dem ersten Spieler, der sich langsam an den Wänden des Irrgartens entlangtastet, und versuchen, allen Ecken und Winkel, die der erste Spieler erschafft, nachzugehen.

Zum Thema „Linie": Die Gruppe wird halbiert. Beide Hälften spielen pantomimisch Tauziehen.

Zum Thema: „Kugel": Eine Raumschiffbesatzung landet auf einem fremden Planeten und findet dort eine seltsame Riesenkugel.

4.2 Die imaginäre Person

Die Darstellung der imaginären Person ist meist in der Solopantomime anzutreffen. Hierin liegt auch die Einschränkung der Solopantomime: Der Partner wird nach eigenen Vorstellungen erschaffen, die Spannung zwischen verschiedenen Charakteren, wie sie im Gruppenspiel existiert, kommt nicht zum Ausdruck. Die Reaktionen des erschaffenen Partners sind vorgeplant.

Wie auch beim imaginären Gegenstand, vollzieht sich die Begegnung mit einer imaginären Person zunächst über den Augenkontakt und die Darstellung des Gefühls zu dieser Person. Dabei eröffnen sich bereits aus weiter Entfernung zu der Person Spielmöglichkeiten: in die Ferne in Richtung dieser Person starren, (pantomimisch) rufen, heftig winken, den Bewegungen der Person mit den Augen folgen . . .

Themen:

Der Schalterbeamte (mehrere Personen treten an den Schalter, der Schalterbeamte reagiert verschieden)

Wechselspiel (Ein Darsteller spielt zwei Personen im Wechsel.) Dabei kann der Wechsel in eine andere Rolle durch eine Drehung um die eigene Körperachse angedeutet werden, oder aber durch einen Sprung in die andere Rolle, in diesem Fall einen Sprung auf den Platz gegenüber dem Spieler, weiterhin auch durch ein Stehbild, Deuten auf den anderen Platz und Hinüberwechseln an diesen Platz.

4.3 Der Raum

In diesem Abschnitt möchte ich vier wesentliche pantomimische Grundsätze zum Thema ,,Raum'' anführen, ansonsten ist dem Thema ,,Nutzung des Raumes'' noch ein Abschnitt in Kapitel 6.1 gewidmet.

— Der Pantomime schafft im Spiel einen ganz bestimmten Raum, dessen Ausdehnung bereits durch die Blicke beschrieben wird. In diesem Raum entstehen im Verlauf des Spieles Gegenstände (z. B. Mobiliar). Der Pantomime muß auf die reale Spielfläche ein Bild projizieren, in dem alle bisher geschaffenen Dinge enthalten sind. **Einmal geschaffene Illusionen dürfen nicht zerstört werden.** Das geschieht etwa, wenn der Pantomime durch einen zuvor geschaffenen Tisch ,,durchläuft'', oder wenn ein in der Hand befindlicher Gegenstand vergessen wird. Daher ist

eine Konzentration nicht nur auf das augenblickliche Spiel, sondern auch auf den gesamten bisherigen Spielverlauf notwendig.

— In der Pantomime ist jedes Detail wichtig für das Verständnis des Ganzen. Deshalb muß der Pantomime stets darauf achten, **daß keine Teile der Handlung durch den eigenen Körper verdeckt werden.** Jedes Stück ist räumlich so anzulegen, daß der Zuschauer immer alle Teile der Handlung aus dem bestmöglichen Blickwinkel sieht.

— Der Pantomime kann den **Raum wechseln**, d. h. er kann sich durch das pantomimische Gehen von einem Raum entfernen und in einen anderen gelangen. ,,Die Fußspitze, durch den Körper nach vorne gebracht, wird auf dem Boden aufgesetzt, und das Körpergewicht ruht einzig auf dem vorderen Bein. Zur gleichen Zeit führt der hintere Fuß einen imaginären Druck aus, indem er nämlich, einige Zentimeter vom Boden entfernt, den imaginären Boden zurückstößt. Die Fußsohle bleibt dabei mit dem Boden parallel. Der hintere Fuß kommt wieder nach vorne, ohne den Boden zu berühren, und die Aktion beginnt von vorne: Ein Schritt ist gemacht.''(Soubeyran: Die wortlose Sprache, S. 49) Dieses ,,dynamische, pantomimische Gehen'' ist eine der schwierigsten pantomimischen Techniken, deren Erlernen bis zu einer vorzeigbaren Beherrschung viel Zeit in Anspruch nimmt. ,,Ich muß zuerst den inneren Rhythmus des Gehens spüren, ihn ganz in mich eindringen lassen, den Körper abwechselnd von einem Bein auf das andere verlagern, zunächst ganz ohne daß ich die Füße vom Boden abhebe — nur das Bewußtsein haben, einen Schritt nach dem anderen zu machen.'' (Soubeyran, Die wortlose Sprache, S. 50)

— Wenn der Pantomime eine Wand berührt, eine feste

pantomimisches Gehen

(1)

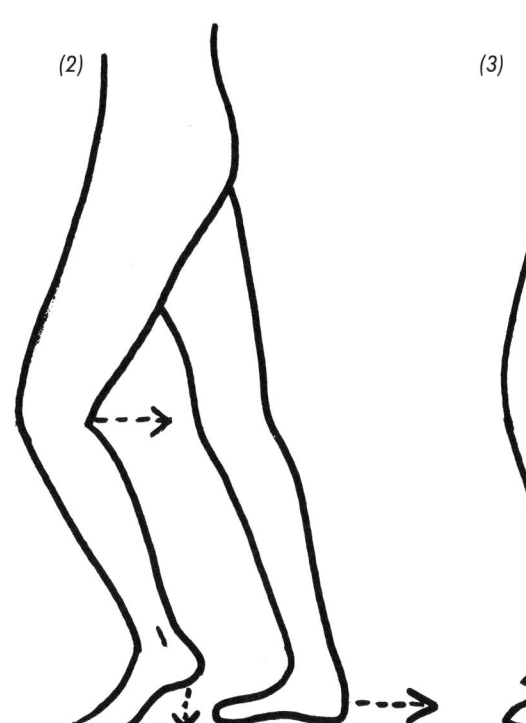

(2)

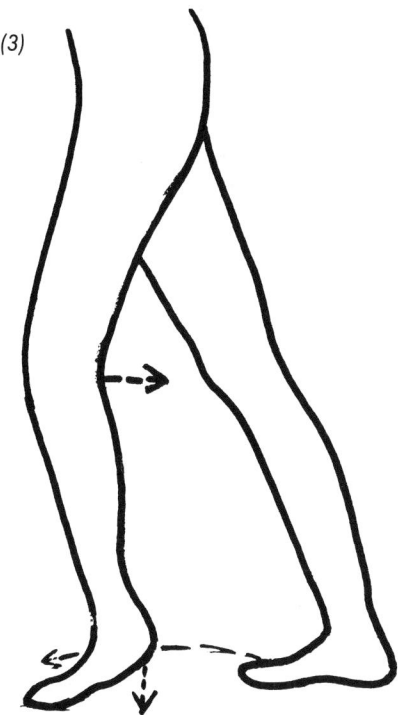

(3)

(1) Der rechte Fuß steht flach auf der Erde, der linke wird daneben mit der Zehenspitze aufgesetzt.

(2) Nun wird das ganze Körpergewicht auf das linke Bein übertragen. Während sich die linke Ferse langsam und gleichmäßig senkt und sich dadurch das linke Bein streckt, wird das rechte Bein (Fußsohle parallel zum Erdboden!) nach hinten gezogen.

(3) Nun wird das rechte Bein nach vorn geholt und mit den Zehenspitzen neben dem — inzwischen flach auf der Erde stehenden — linken Bein aufgesetzt. Jetzt geht's mit vertauschten Füßen weiter wie in (1).

Stande umgreift, sich an einem Treppengeländer hochzieht und in vielen weiteren Fällen erschafft er damit einen **Fixpunkt** im Raum. Das heißt, seine Hand muß an diesem festen Punkt bleiben können, unabhängig von den Bewegungen des übrigen Körpers. Er muß also üben, eine Hand an die imaginäre Wand zu drücken und dort zu lassen, während er seinen Körper nach rechts oder links neigt oder einen Schritt zurücktritt, er muß üben, eine senkrechte Stange mit der Hand zu umschließen und um die Stange herumzugehen usw.

4.4 Die imaginäre Kraft

Nichts wirkt dilettantischer als der Versuch, einen Kraftaufwand durch ein von der Anstrengung verzerrtes Gesicht darzustellen bei gleichzeitiger Spannungslosigkeit des Körpers. Für eine glaubwürdige Darstellung von Kräften ist es unverzichtbar, sich die entsprechenden Gesetze der Schwerkraft zu vergegenwärtigen. Beispiele:

a) Ein schwerer Koffer wird getragen. Der Pantomime umfaßt den Griff des Koffers, beugt dann seinen Oberkörper in die Gegenrichtung und bringt gleichzeitig seinen Schwerpunkt näher an den Gegenstand heran (seitliche Verschiebung des Beckens in die Richtung des Gegenstandes). Diesen Vorgang führt man im täglichen Leben mit echten Gewichten meist automatisch aus, weil der Körper, den Gesetzen der Ökonomie gehorchend, seinen kraftsparenden ,,Gang einlegt'' und sich die Hebelgesetze zunutze macht, wobei das Becken Drehpunkt des Hebels ist und die Verlagerung des Oberkörpers in die Gegenrichtung einer Mitverwendung des Körpergewichtes als Gegenkraft zum Gewicht des Gegenstandes gleichkommt. In dem Augenblick jedoch, in welchem dieser so oft durchgeführte Ablauf

Ein Seil ziehen

bewußt eingesetzt werden soll, kommt es zu verblüffender Ratlosigkeit. Häufig wird dann der Oberkörper in die Richtung des Gegenstandes gebeugt oder das imaginäre Gewicht am ausgestreckten Arm hochgehoben, ein physikalisch vollkommen unökonomisches Verhalten, wie nach Verständnis des o. g. Hebelgesetzes zu durchschauen ist.

b) Ein Seil wird gezogen (pantomimisches Tauziehen gegen einen imaginären Gegner). Die Stellung ist gespreizt, das Becken (und somit der Schwerpunkt des Körpers) verlagert sich nach unten. So ist ein sicherer Stand gewährleistet. Nun strecke ich die Hände nach vorn aus und ergreife mit beiden Händen das Seil, wobei ich gleichzeitig das Becken nach hinten verschiebe. Mit dem Heranziehen des Seiles — der Abstand zwischen den beiden Händen muß dabei konstant bleiben — bringe ich das Becken

gezogen werden

(1) Das Gewicht ist auf beide Füße gleichmäßig verteilt. Die Hände umklammern das imaginäre Seil.
(2) Mit einem Ruck (Toc!) gleiten die Hände parallel zum Erdboden nach vorn. Der vordere Arm ist jetzt gestreckt.
(3) Die Hände gleiten weiter nach vorn, die Schultern werden nach vorn gedehnt. Das Körpergewicht ruht jetzt auf einem Bein.
(4) Durch die Bewegung der Arme wird der Körper aus dem Gleichgewicht gebracht. Durch einen Kreuzschritt mit dem hinteren Bein wird das Gleichgewicht wieder hergestellt.

   Der gesamte Bewegungsablauf ist fließend. Der Abstand zwischen den beiden Hände bleibt dabei unverändert.

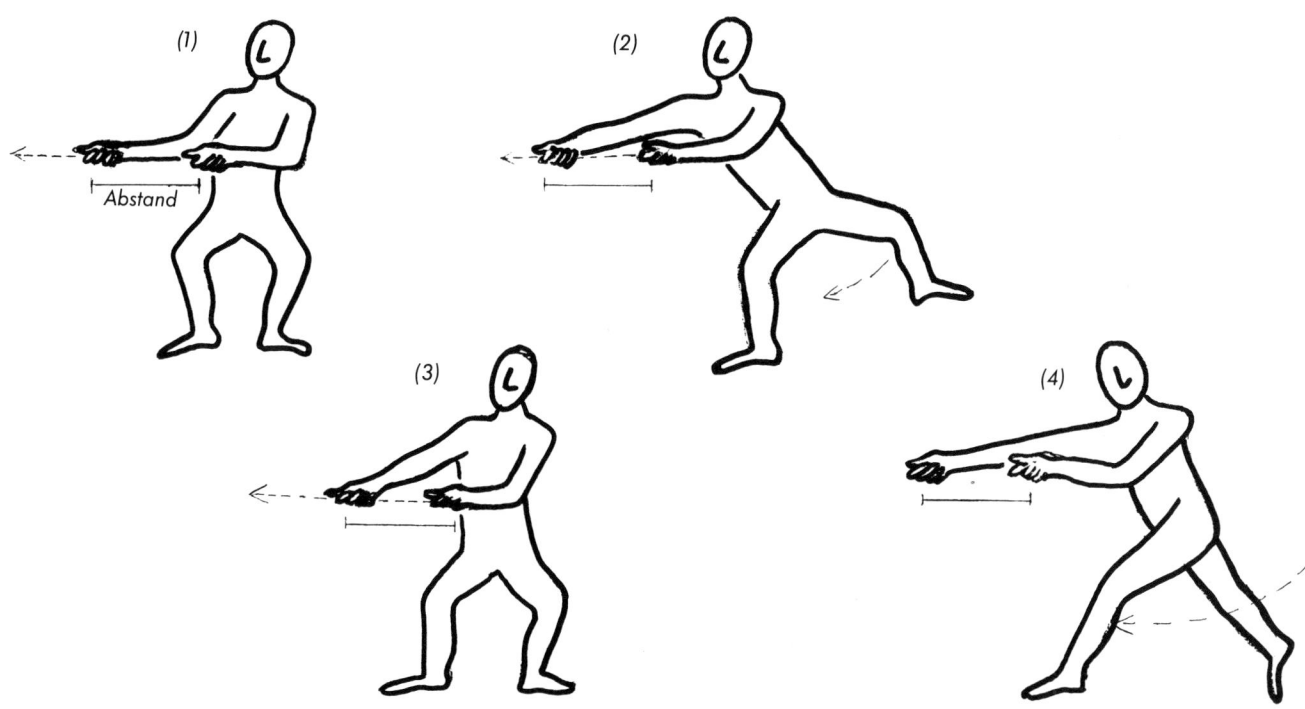

Ein Seil wird gezogen

(1) Die Hände umfassen das imaginäre Seil. Die Hüfte befindet sich weit hinten.

(2) Die Hände ziehen das imaginäre Seil in Richtung der Körpermitte. Das Becken streckt sich dabei dem Seil entgegen, während sich der Oberkörper in die Gegenrichtung verschiebt.

(3) Die Hände greifen nach vorn um, während sich das Becken gleichzeitig nach hinten schiebt, womit wieder die Ausgangsposition erreicht ist, usw.

(4) Für die Darstellung einer besonders hohen Zugkraft fügt man zur Phase (2) eine halbe Körperdrehung hinzu, so daß der Körper jetzt in Zugrichtung ausgerichtet ist. Mit dem Umgreifen der Hände (Phase (3)) erfolgt die Rückdrehung.

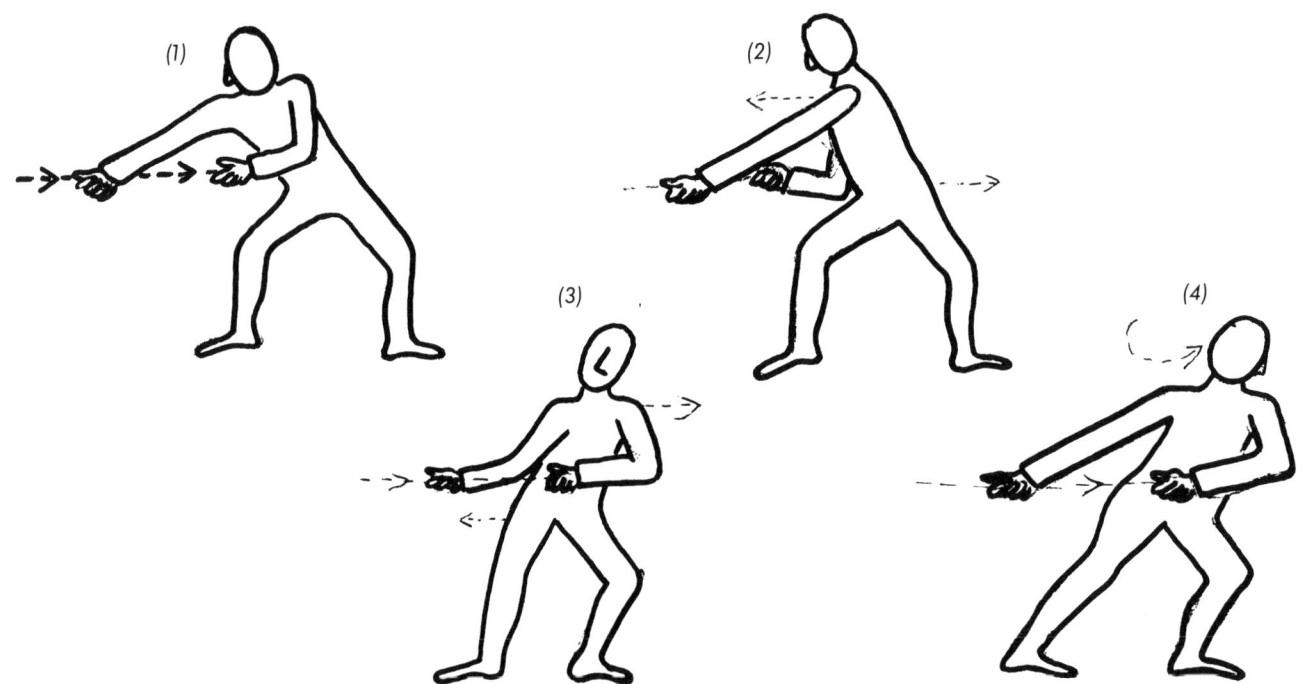

Ein schwerer Koffer wird getragen

(1) Der Oberkörper neigt sich seitlich zum Koffer hinab, die Hand umschließt den Griff des Koffers.
(2) Der Oberkörper richtet sich wieder auf, das Gewicht des Koffers setzt einen Widerstand dagegen und streckt den Arm.
(3) Der Oberkörper beugt sich in die Gegenrichtung und bildet mit seinem Gewicht eine Gegengewicht zum Koffer. Drehpunkt des Hebels ist die Hüfte.
(4) Je schwerer der Koffer, desto stärker die Seitwärtsbeugung des Oberkörpers. Der nicht belastete Arm wird zur Seite gestreckt, die Hüfte preßt sich dem Gewicht entgegen.

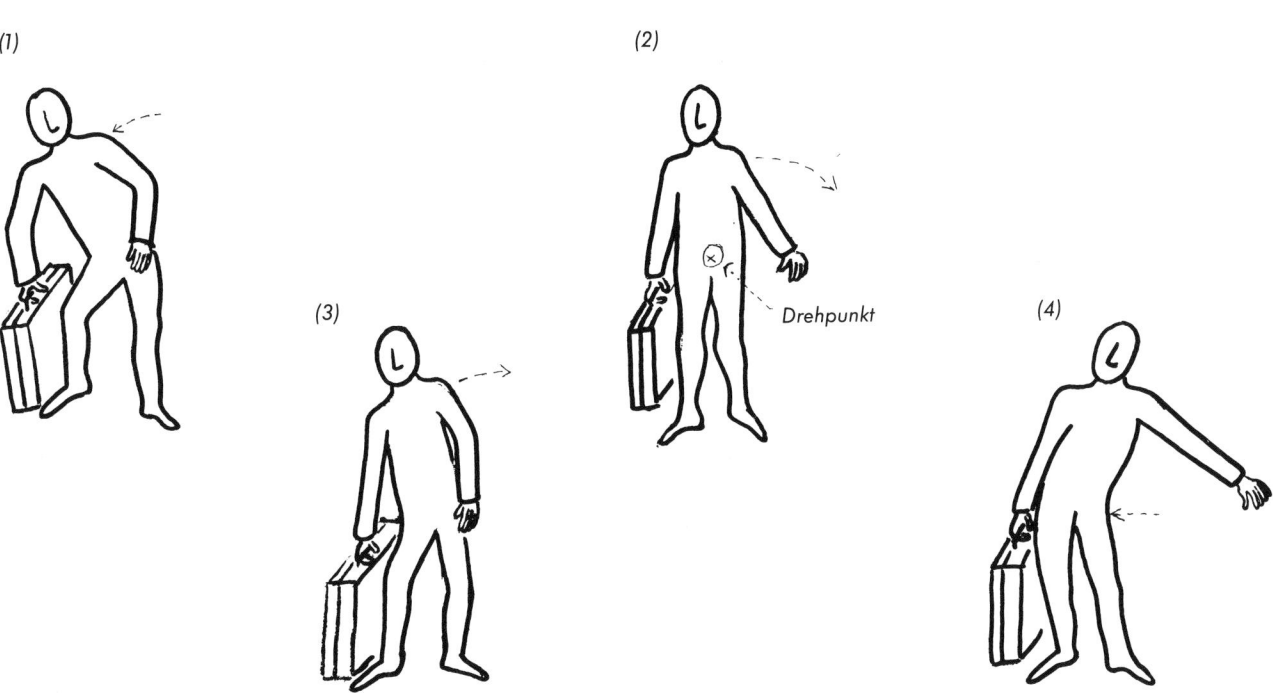

(1)

(2)

Drehpunkt

(3)

(4)

Ein schwerer Schrank wird weggeschoben

(1) Der Körper neigt sich leicht nach vorn, das Körpergewicht lastet stärker auf dem vorn stehenden Bein. Die Handflächen berühren den imaginären Schrank (siehe dazu Kap. 4.1 — Die Wand).

(2) Nun erfolgt eine Vorwärtsbewegung der Handflächen (toc!) und gleichzeitig eine Beckenverschiebung nach hinten.

(3) Dieser Bewegungsablauf ist dann beendet, wenn die Arme gestreckt sind und das Becken weit hinten ist. Nun läuft man etwas nach vorn und setzt neu an wie in (1).

Um die große Kraft zu zeigen, die für das Wegschieben erforderlich ist, kann man vorher einige ,,Fehlversuche'' darstellen, bei denen man die Kraft ansetzt, aber der Schrank sich zunächst nicht vom Fleck bewegt.

(1)   (2)   (3)

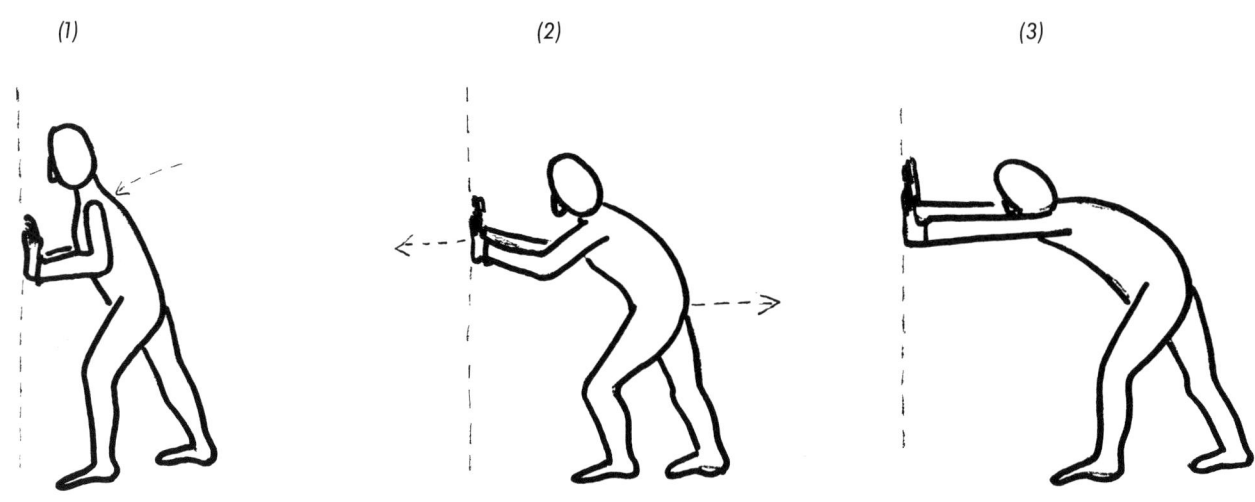

wieder nach vorn und greife dann mit beiden Händen das nächste Stück Seil usw. Die Zugbewegung geschieht dabei in Richtung der Körpermitte.

Wenn nun der imaginäre Gegner seinerseits ruckartig am Seil zieht, erfordert die Darstellung dieses Vorgangs vom Pantomimen die Beherrschung der Technik „gezogen werden", das Sichtbarmachen einer Kraft also, die von außen auf mich einwirkt. Zunächst strecken sich beide Arme dadurch, daß die Hände sich entlang der gedachten Linie des Seiles nach vorn schieben. Diese Bewegung wird dadurch erweitert, daß man die Schultern nach vorn herausdrückt. Erst jetzt tritt der übrigen Körper in Aktion. Er wird durch den plötzlichen Ruck nach vorn gezogen und verliert das Gleichgewicht. Um nicht zu fallen, muß ich die Beine kreuzen und mindestens einen Schritt in die Richtung des ziehenden Gegners ausführen. Dieser gesamte Bewegungsablauf ist fließend zu gestalten.

Auch beim Ziehen und gezogen werden den Toc nicht vergessen!

c) Ein schwerer Schrank soll weggeschoben werden. Ich beuge meinen Oberkörper in die Richtung des Schrankes und lege mit angewinkelten Ellbogen die Handflächen gegen den Schrank (siehe Technik „Fläche"!), während ich einen Fuß zum Abdrücken gegen den Erdboden weit nach hinten setze. Eine mit Toc ausgeführte leichte Dehnung und Anspannung des Oberkörpers deutet den Beginn des Krafteinsatzes an. In dieser Pose der Kraftanspannung verharre ich einen Moment, der Schrank hält meinen Bemühungen noch stand, bis er dann doch einen Ruck nach vorn macht. Meine Hände rucken vorwärts (senkrechte Stellung der Handflächen beibehalten!), gleichzeitig schiebt sich das Becken nach hinten. Charakteristisch für diese Technik ist, daß der Anfangswiderstand am größten ist. Wenn der Schrank einmal in Bewegung versetzt worden ist, läßt er sich leichter weiterschieben. Es „fluppt".

5. Typisierung

5.1 Vorüberlegungen

In diesem Abschnitt geht es um das deutliche Herausspielen von Charaktereigenschaften, um die Darstellung von Personen allgemein, um das glaubhafte Aufzeigen ihrer Gemütsbewegungen und ihrer Handlungsmotive.

Erster und wichtigster Schritt ist die Beobachtung. Eine geeignete „Hausaufgabe" für die Gruppe könnte darin bestehen, sich eine Stunde lang jeweils an verschiedenen Orten aufzuhalten und Menschen zu beobachten, ihre Körperhaltung, ihre Bewegungen, ihre Gesichtsausdrücke (Auch die gezielte Beobachtung von Kindern sollte darin einbezogen werden). Geeignete Orte sind Fußgängerzonen, Bahnhöfe, Märkte, Kaufhäuser, Restaurants, Warteräume usw.

Besondere Aufmerksamkeit bei der Beobachtung sollte man auch Tieren zukommen lassen. Daher ist ein Zoobesuch eine geeignete Beobachtungsaufgabe, die ebenfalls unter besonderen Fragestellungen angegangen werden kann: Wie verhält sich z. B. ein Kamel beim Fressen, wie reagiert ein Seehund vor der Fütterung, wie demonstriert sich Rivalität usw.? Nicht ohne Grund greift man im sprachlichen Bereich häufig auf Vergleiche mit Tieren zurück, wenn man bestimmte Eigenschaften eines Menschen bildhaft schildern will (kalt wie ein Fisch, feiger Hund, falsche Schlange).

Sollen durch die Typisierung Charaktermerkmale und physische Eigenschaften wie z. B. ängstlich, hochnäsig, freudig, traurig oder stark, schwächlich, alt, kränkelnd usw. herausgespielt werden, so ist zunächst „das Wesentliche" an der betreffenden Körperhaltung Gegenstand der Darstellung bei gleichzeitigem Weglassen aller unwesentlichen Einzelheiten. Dabei kommt dem Sonnengeflecht, dem körperlichen Mittelpunkt des Ausdrucks, eine große Bedeutung zu (siehe Kap. 2). Die meisten Erkenntnisse über „das Wesentliche in der Körperhaltung" findet der Spieler durch genaue Beobachtung von Körperhaltungen und durch Beschreibung von Bewegungsabläufen selbst heraus. Auch hierbei stellt die verbale Sprache mit ihren bildhaften Beschreibungen eine wertvolle Hilfe dar: Jemand trägt die Nase hoch, er ist bedrückt, er könnte platzen vor Wut, er bläht sich auf . . .

Dieses „Besondere am Alltäglichen" wird nun durch gezielte Betonung, durch Übertreibung, hervorgehoben. Die dabei auftretenden Schwierigkeiten möchte ich an zwei praktischen Darstellungsaufgangen verdeutlichen:

— Ein Kind soll dargestellt werden. Ich habe beobachtet, daß diese Aufgabe oft dadurch zu lösen versucht wird, daß der Spieler durch Einknicken der Knie auf halbe Körperhöhe heruntergeht und mit einem angestrengt infantilen Gesichtsausdruck neben einem imaginären Erwachsenen trippelt, den er durch wiederholtes Anschauen verdeutlicht. Ich halte die Darstellung des Größenverhältnisses zwischen Kind und Erwachsenen gar nicht für so wichtig wie die Darstellung der kindlichen Eigenschaften wie Neugier, Aufgeschlossenheit, Freude über Kleinigkeiten, Spieltrieb, unkompliziertere Kontaktaufnahme als bei Erwachsenen. „Für Kinder gibt es nicht sieben, sondern sieben Millionen Weltwunder", so lautet ein Sprichwort.

— Ein Betrunkener soll dargestellt werden. Diese Aufgabe ist, auch wenn sie zunächst einfach anmutet, besonders schwierig. Mit anderen Worten: Es verlangt vom Darsteller ein hohes Maß an Körperbeherrschung, die Nichtbeherrschung des Körpers, die gestörte Feinmotorik des Betrunkenen, seine langsamen Reaktionen, sein Schwanken, seinen Blick, seine Fehlversuche bei einfachen Tätigkeiten (Vereinigung von Schlüssel und Schlüsselloch) glaubhaft darzustellen. Mit bloßem Gehen in Schlangenlinien und Umherschleudern der Arme ist der Schwierigkeit nicht beizukommen.

Mit den beiden konkreten Beispielen „Kind" und „Betrunkener" habe ich zeigen wollen, daß möglichst genaues Beobachten und genaue Bewegungsanalyse notwendig sind, um nicht an Vordergründigkeiten haften zu bleiben, weiterhin sensibles Einfühlungsvermögen, also das sich-in-die-Person-Hineindenken und -Fühlen.

5.2 Praktische Übungen und Spielaufgaben
a. Typisierendes Gehen

Die Gruppe geht im Raum umher. Ausgiebige Lockerungsphasen sind dieser Übung vorangegangen. Der Leiter gibt Reizsätze in die Gruppe: Ich bin der Größte! Tut mir nichts! Seltsame Typen sind das hier! Weg da! Findet ihr die Situation auch so witzig? . . . usw. Die Gruppenmitglieder wiederholen den jeweiligen Satz und versuchen dabei, sich in eine Körperhaltung hineinzuversetzen, die der Stimmung des Satzes entspricht, dabei gehen sie weiter und nehmen — je nach Situation — Kontakt zu anderen Spielern auf. Für die oben stehenden Reizsätze ergeben sich als Typen etwa der Angeber, der Angsthase, der Miesling, der Rüpel, der Witzbold.

b) Typ und Situation

Jedes Gruppenmitglied wählt sich einen Typ in der Art von a) aus und erhält dann als Vorgabe eine Situation, in der sich jeweilige Typ befindet
Beispiele:
Ein ,,feiner Pinkel'' wird gerempelt.
Ein Miesling findet eine Brieftasche mit viel Geld.
Eine Angsthase hat sich in ein obskures Viertel verlaufen.
Ein Kraftprotz kauft sich an der Imbißstube eine Wurst und ißt sie.
Ein Hektiker verpaßt seine Straßenbahn.

c) Begegnungen (Partner-/Gruppenaufgaben

Für die Begegnung verschiedener Typen lassen sich viele Spielsituationen erfinden. Die einfachste besteht darin, daß jeweils zwei Spieler in der Rolle ihres in Aufgabe b) gewählten Typs sich auf der Straße begegnen und der Ablauf dieser Begegnung der spielerischen

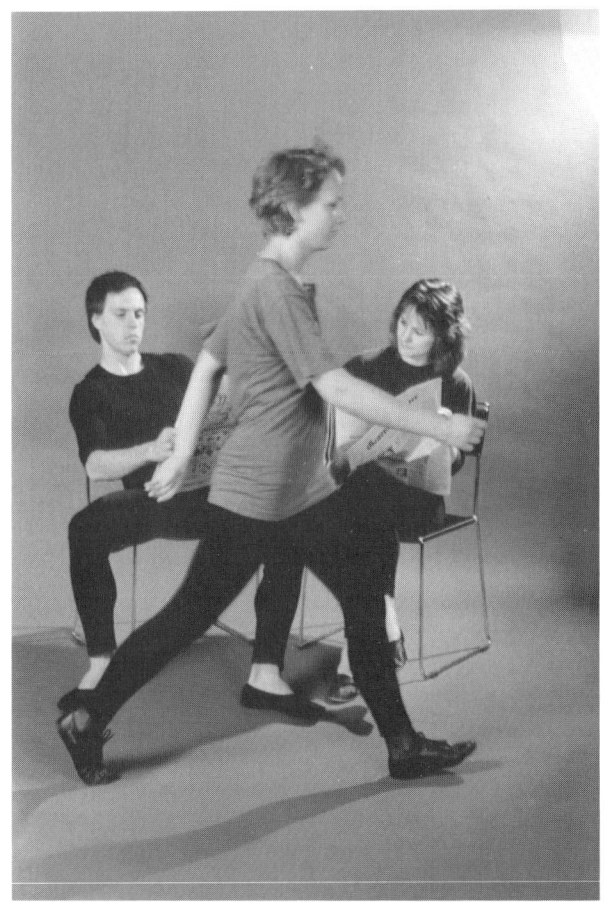

Eine Passantin eilt vorbei

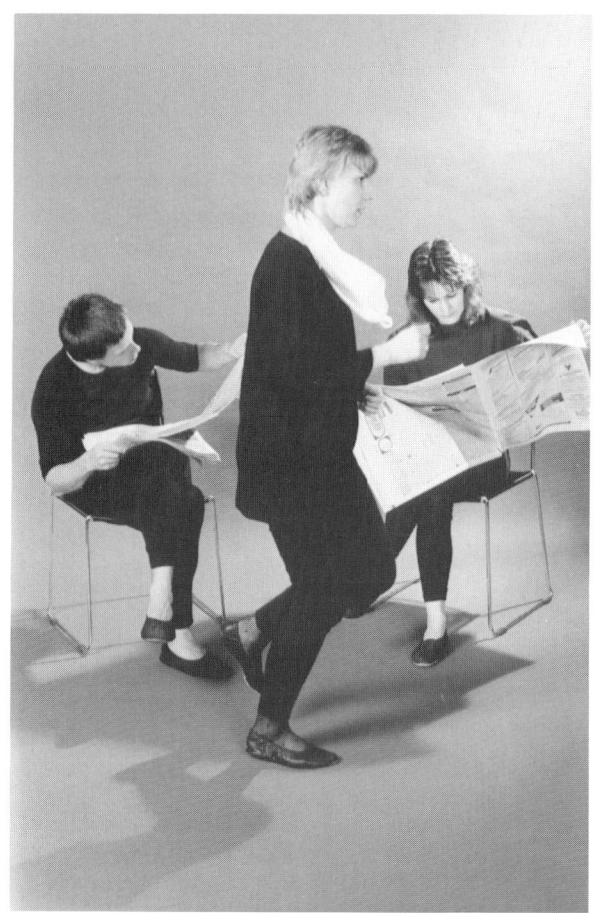

Joggerin

Ein Reisender

Improvisation der Darsteller völlig überlassen bleibt. Natürlich können die zu spielenden Typen auch durch Aufgabenkarten vorgegeben werden.

Jemand steht an einer Wand angelehnt, verschiedene Personen gehen vorüber. Einige Beispiele:

vorbeikommende Person	mögliche Aktion der stehenden Person	mögliche Reaktion der vorbeikommenden Person
Schulkind	winkt freundlich	lächelt zurück
Bettler	spendiert ein Geldstück	bedankt sich mit einem Kopfnicken
ältere Dame	hilft ihr über die Straße	verabschiedet sich freundlich

Als sehr ergiebiges Thema hat sich die Szene ,,Am Frühstückstisch'' erwiesen. Drei bis vier Spielern wird je ein Typ zugeteilt. Diese Typen treffen sich, in einer Familie oder Wohngemeinschaft, morgens am Frühstückstisch (s. Kap. 8).

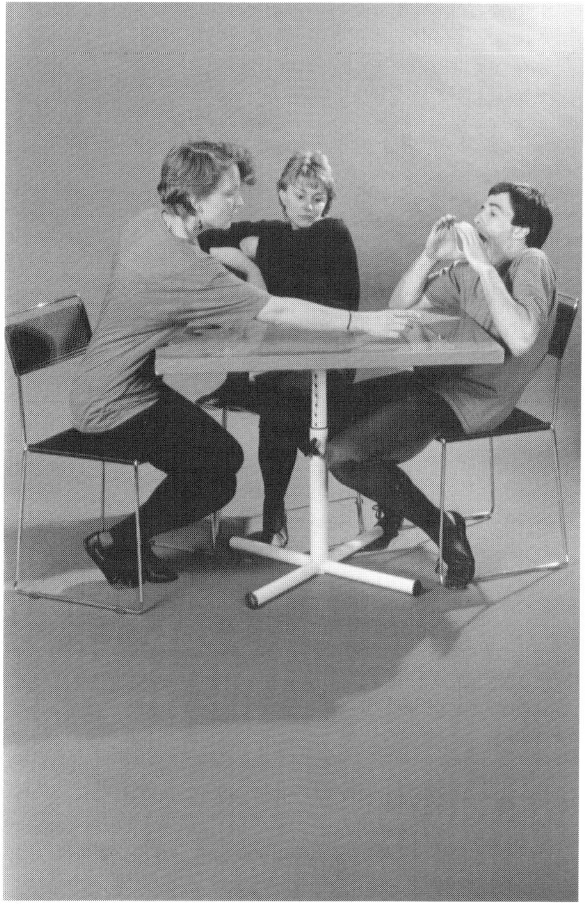

Am Frühstückstisch

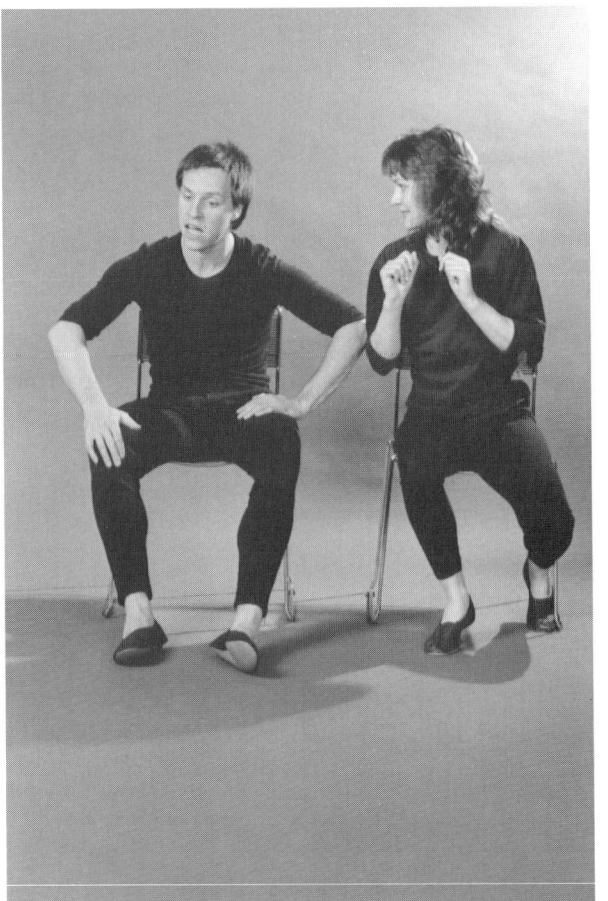

Von

Aktiv

bis

Ablehnend

Beobachtungen, die man in der Stadt gemacht hat, kann man in der Spielaufgabe „Straßencafe" gut umsetzen. Dabei wird die Gruppe geteilt. Eine Hälfte sitzt an imaginären Bistrotischen und trinkt Kaffee, die andere Hälfte der Gruppe geht in wechselnden Rollen vorüber. Gemütliche Spaziergänger wechseln ab mit hektischen Passanten, wartend auf- und abgehende mit schwer bepackten Einkaufenden, hopsende Kinder mit schlurfenden Greisen, Streifenpolizisten mit zwielichtigen Gestalten usw. Zwischendurch sollten die Halbgruppen ihre Rollen tauschen, so daß jeder einmal sowohl den Cafébesucher als auch verschiedene Passanten spielen kann.

Untermalende Caféhausmusik rundet die Szenen ab.

d) Atmosphäre schaffen

Eine aus mehreren Spielern bestehende Teilgruppe oder die gesamte Gruppe versucht, durch vielfältige Typisierung eine Atmosphäre zu erschaffen, die vielfach aus eigener Erfahrung bekannt ist:

— Vor dem Rockkonzert (Fans drängeln sich, Ordner schieben einzelne Fans von der Bühne, Techniker überprüfen Teile der Anlage . . .)

— hinter den Zirkuskulissen (Artisten machen Aufwärmübungen, Clowns schminken sich, der Zauberer ordnet seine Requisiten, der Zirkusdirektor rückt seine Kleidung zurecht . . .)

— in der Theaterpause (Begrüßungen, Schlange stehen an der Sektbar, Imponiergehabe . . .)

— Flußfahrt auf dem Amazonas (Hitze, Moskitos, Gefahren . . .) Musik: Panflöte

e) Entlarvung

Im Rahmen „Typisierung" bieten sich Themen an, die bestehende Rollenmuster aufzeigen und entlarven. Als Beispiel dazu sei das Rollenschema „typisch männlich / typisch weiblich" erwähnt:

— Modenschau

Eine Modenschau wird nachgestellt. Dabei werden Mannequins und Dressmen jeweils von Vertretern des anderen Geschlechtes gespielt. Im anschließenden Gespräch versucht man in der Gruppe Fragen zu klären, die sich daraus ergeben:

Wie werden Männer / Frauen dargestellt?

Welche Haltungen, welche Accessoirs dominieren?

In welchen Posen werden Paare dargestellt?

Als zusätzliche Grundlage für Darstellung und Diskussion kann man Abbildungen aus Modezeitschriften und aus Katalogen heranziehen.

6. Bewegungstechnik und Bewegungs-improvisation

Begriffserklärung:

Während ich mit der Bewegungstechnik die Fähigkeit zum bewußten Einsatz der eigenen körperlichen Bewegungsmöglichkeiten bezeichne, steht der Begriff „Bewegungsimprovisation" für deren freie Anwendung in Spielsituationen, besonders im Zusammenspiel mit Partner oder Gruppe.

Ein wesentliches Anliegen von Übungen dieses Themenbereiches sollte darin bestehen, die einengenden Bahnen zu verlassen, an die wir uns durch unser vergleichsweise geringes Repertoire an Alltagsbewegungen gewöhnt haben. Um dies zu verdeutlichen, sind in der folgenden Tabelle einige Beispiele aufgeführt:

Alltagsbewegung	Bewegungsgestaltung
Die meisten Tätigkeiten werden mit den Händen ausgeführt	Alle Körperteile werden in die Bewegung mit einbezogen.
Meist wird der Boden nur mit Füßen berührt, außer zum Ruhen oder wenn man hinfällt.	Dynamische Bewegungsabläufe mit dem ganzen Körper schließen die Bodenberührung mit ein.
Viele Bewegungen werden reduziert ausgeführt, Bewegungsabläufe sind blockiert.	Es wird daran gearbeitet, Bewegungen „ausrollen" zu lassen bis zum Stillstand (Bewegungsimpuls)
Viele Bewegungen sind nur angedeutet, von geringem Umfang	Es wird jeweils das Maximum der Bewegung gesucht.

6.1 Möglichkeiten der Bewegungsgestaltung

Dieser Abschnitt enthält eine Auflistung der wichtigsten Möglichkeiten zur Bewegungsgestaltung, die sicherlich noch ergänzt und erweitert werden kann. Bei einigen Punkten sind in Klammern Themen angegeben, die mir zum Erlernen dieses Bereiches geeignet scheinen und als Repertoire für den Unterrichtenden hilfreich sind.

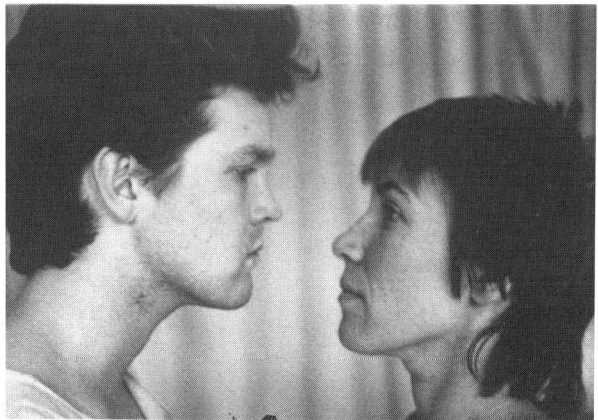

Augenkontakt

Bewegungsgegensätze

— rund/eckig (Tanz in einer Kugel/in einem Würfel, Zeichnen von runden und eckigen Figuren in der Luft)
— schnell/langsam (Ein Film wird in seiner Abspielgeschwindigkeit verändert von der Zeitlupe bis zum Zeitraffer, Bewegungen auf dem Mond)
— Kontraktion/Streckung (Ein lichtscheues Tier zieht sich bei Lichteinfall blitzschnell zusammen und dehnt sich bei Dunkelheit wieder ganz aus)
— Große Bewegung/kleine Bewegung (sich aus großer Distanz jemanden verständlich machen/mit einem Insekt spielen)
— fließende Bewegung/abgehackte Bewegungen (ein Tier streicheln/eine mechanische Figur darstellen)
— metrisch/ametrisch (intaktes Uhrwerk/langsam zerfallendes Uhrwerk)

Nutzung des Raumes

Gehen als Partnerübung: aufeinander zugehen, voneinander weggehen, aneinander vorbeigehen, umeinander herumgehen.

Augenkontakt: Beide Partner halten kontinuierlich Augenkontakt und spielen dabei mit der räumlichen Distanz zwischen ihnen. Sie nähern einander bis zur Berührung der Nasenspitzen, sie schauen einander quer durch den Raum an. Die Übungsanweisung kann so erweitert werden, daß in der Gruppe jemand den Augenkontakt „ablösen" kann, indem er sich zwischen ein Paar bewegt und zu einem der beiden Partner Augenkontakt aufnimmt.

Die magische Mitte: Alle Gruppenmitglieder sind an den Wänden des Raumes verteilt. Auf ein Zeichen hin bewegen sie sich auf verschiedene Arten (gehen, rollen, kriechen . . .) langsam, aber stetig zum Mittelpunkt des Raumes, um dort zum Stillstand zu kommen.

Waagerecht und senkrecht: Die Gruppenmitglieder gehen im Raum umher. Sie dürfen dabei nur auf „waagerechten" und „senkrechten" Raumlinien gehen. Um einem Zusammenstoß mit anderen Gruppenmitgliedern auszuweichen, ist eine Wendung oder ein Abdrehen nach rechts oder links (Vierteldrehung) möglich.

init und exit: Die Gruppe steht im Kreis. In unregelmäßigem Rhythmus bewegt sich jeweils ein Gruppenmitglied quer durch den Kreis und ordnet sich gegenüber wieder ein. Die Gangarten der einzelnen Gruppenmitglieder sollen dabei vielfältig sein und können auch auf die vorangegangene(n) Gangart(en) eingehen.

In der Fortsetzung dieser Übung können dann auch zwei oder mehrere dieser Gänge gleichzeitig erfolgen. So kann man miteinander den Raum durchqueren oder sich bewegen.

Im dritten Teil dieser Übung gehen auf Augenkontakt hin jeweils zwei gegenüber stehende Gruppenmitglieder gleichzeitig los, treffen sich in der Mitte des Kreises und übernehmen vom Treffpunkt an sofort die Bewegungen ihres Partners, in der sie dann die Raumdurchquerung fortsetzen.

Fixpunkt im Raum: Der Spieler greift sich einen beliebigen imaginären Punkt im Raum mit Daumen und Zeigefinger und bewegt sich um diesen Punkt herum, ohne ihn loszulassen oder zu verschieben.

Stromstoß: Du tanzt im Raum umher und triffst dabei auf einen elektrisch geladenen Draht. Ein heftiges Zucken geht durch den Körper (Der E-Draht sollte imaginär sein)

Blitz: Du gehst im Raum umher und fühlst dich auf Trommelsignal von einem Blitz / einer Serie von Blitzen getroffen.

Mechanik: Die Gruppe bildet ein Uhrwerk, eine Maschine oder die „Kirchturmuhr". Bei der Kirchturmuhr schieben sich die Spieler als mechanische Figuren auf einer halbkreisförmigen Linie entlang und zeigen pantomimisch die Ausübung eines Handwerks.

Marionette: Ein Partner tippt einzelne Körperteile des Partners an. Dieser stellt sich daraufhin vor, an der entsprechenden Stelle sei ein Faden befestigt und ziehe von dort den Körper langsam hoch.

Tragen: Einzelne Gruppenmitglieder stellen sich in einer außergewöhnlichen Haltung auf und werden dann von der übrigen Gruppe wie steife Schaufensterpuppen an einen anderen Platz getragen und dort in der gleichen Haltung wieder aufgestellt. Während des Transportes soll der Getragene seine Haltung möglichst nicht verändern.

Richtungsführung: Du legst einen imaginären Punkt auf irgendeine Stelle deines Körpers. Diese Körperstelle führt dich durch den Raum, ist führend bei allen Bewegungen und Richtungsänderungen. Als Partnerübung legen die beiden Partner sich gegenseitig imaginäre Punkte auf Körperstellen, die dadurch richtungsweisend werden.

,,**Gespräch**'': Der Gruppenleiter gibt Körperteile vor (Ellbogen, Knie, Hüfte, Hals, Rücken . . .). Die Gruppenmitglieder können sich mit diesen Körperteilen ,,unterhalten'' oder sie begrüßen. Jeder nimmt mehrmals Kontakt zu anderen Gruppenmitgliedern auf. Natürlich sind auch Dreiergespräche oder Kontakte von noch mehr Spielern möglich.

Focuswechsel: Von zwei beieinander stehenden Partnern beginnt sich einer zu bewegen, wobei sich die Bewegung steigert und immer heftiger wird, danach dann wieder abklingt bis zum Stillstand. Jetzt beginnt der andere Partner seine Bewegung und fährt in ähnlicher Weise fort. Der in Ruhestellung verharrende Partner beobachtet jeweils und ist bereit, die Aktivität wieder zu übernehmen. Nach einiger Spielerfahrung miteinander sind die Spieler in der Lage, sich fließend den Spielball der Aktion zuzuwerfen und zu übernehmen. Darauf aufbauend sollte diese Übung mit mehreren Spielern durchgeführt werden.

Eine reizvolle Übung zum Focuswechsel ist folgende Situation: Ort des Geschehens ist ein Café oder Restaurant, an einem Tisch sitzt ein flirtendes Paar, am Nachbartisch sitzen zwei Geschäftsfreunde über ihren Unterlagen und diskutieren. Immer dann, wenn an einem der beiden Tische rege Aktivität ausbricht, müssen die Spieler am anderen Tisch sich zurücknehmen, unter Umständen sogar zum Stehbild kommen. Wenn die Aktionen der Spieler am Nachbartisch nachlassen, wandert der Focus — der Brennpunkt der Aktion — zum anderen Tisch hinüber usw. Ein anfangs etwas schwieriges Spiel, da jeder Akteur sich sowohl auf seinen Tischgefährten konzentrieren als auch das Geschehen am Nachbartisch mitbekommen und entsprechend reagieren muß. (Diese Übung ist mit und ohne verbale Sprache möglich).

Impuls

Reaktion: Partnerübung. Ein Spieler berührt mit seinem Zeigefinger überraschend irgendeinen Körperpunkt seines Partners. Dieser reagiert, als ob er einen heftigen Stoß gegen diese Stelle erhalten hätte und wird von diesem Punkt aus mit einem kräftigen Ruck zurückgeschleudert.

Luftkampf: Diese Übung vollzieht sich in ähnlicher Weise wie die vorangegangene, nur wird hier der Partner nicht mehr berührt, sondern der Impuls wird nur noch gegen einen Körperteil des Partners aus der Entfernung angedeutet, danach wird gewechselt. Die Distanz zwischen den Partnern wird immer weiter vergrößert, bis die Impulse schließlich quer durch den ganzen Raum gegeben werden.

Körperteilkampf: Noch eine Variante der beiden vorigen Übungen. Jetzt agiert der Impulsgeber mit vielen Körperteilen. So kann er z. B. mit seiner Schulter einen Impuls in Richtung der Hüfte des Partners geben oder mit seinem Kopf einen Impuls gegen dessen Knie. Wenn dem Empfänger ein Impuls nicht eindeutig erscheint, reagiert er in der Art, wie er den Impuls zu erhalten meint.

Energie dosieren

Gegenteil: Partnerübung. Beide Partner nehmen entgegengesetzte Gemütsverfassungen ein, z. B. lachend und weinend oder drohend und ängstlich. Dann reduzieren beide ihren Ausdruck und treffen einander in neutraler Verfassung. Jetzt wechseln beide ihre Rollen und steigern sich langsam in die andere Gemütsverfassung hinein bis hin zum Extrem, anschließend wieder zurück zur neutralen Mitte usw.

Konflikt: Beide Partner streiten miteinander, indem sie sich mit den Zahlen von „eins" bis „zehn" anrufen. Die „eins" als niedrigste Stufe des Konfliktes wird vielleicht nur in etwas schärferer Stimmlage ausgesprochen, die „zehn" als höchste Stufe wird mit voller Kraft hinausgeschrien. Dazwischen liegen acht weitere Abstufungen. Man muß also ausreichende Reserven zurückbehalten, um nicht bereits bei „acht" oder „neun" seine höchste Steigerung erreicht zu haben.

Konfliktszenen: Bei dieser Übung ist Sprache erlaubt, denn Bewegungsintensität und sprachliche Ausdruckskraft sind hier eng miteinander verflochten. Es werden kleine Alltagsszenen gespielt, wie sie nachfolgend aufgezählt sind. Der Spielleiter beeinflußt die Szene, indem er zwischendurch mehrmals eine der Zahlen von eins bis zehn ruft. Sofort verlagern die Spieler ihre Konfliktszene auf die genannte Stufe. Durch Hinauf- oder Hinunterzählen ist eine gleichmäßige Konfliktsteigerung zu erreichen, aber auch „Sprünge" sind möglich, z. B. von eins direkt nach zehn oder umgekehrt. Der Ausgang der Szene wird von den Spielern selbst geschaffen. Geeignete Konfliktthemen sind:

— Zwei Personen erreichen gleichzeitig eine Telefonzelle. Jeder beansprucht den Vortritt wegen eines dringenden Telefonates.
— Zwei Personen streiten sich in einer Bäckerei kurz vor Ladenschluß um das letzte Brot.
— Jemand beschwert sich bei seinem Nachbarn darüber, daß dessen Hund seinen Haufen auf den Bürgersteig setzt.
— Jemand will einen defekten Föhn reklamieren, doch der Ladeninhaber erkennt die Reklamation nicht an.

— Zwei Mütter / Väter mit völlig unterschiedlicher Auffassung von Erziehung beklagen sich über den Erziehungsstil des / der anderen.
— Zwei Kunden greifen am Wühltisch im Kaufhaus nach dem gleichen Teil (das natürlich nur noch einmal vorhanden ist)
— Ein Fußgänger beschimpft einen Autofahrer, weil dieser den Bürgersteig teilweise zugeparkt hat. Der Autofahrer hingegen hält seine Parkweise für nicht behindernd.
— Jemand beschwert sich beim Wohnungsnachbarn über zu laute Musik. Dieser kontert mit Gegenvorwürfen.

Gleichgewicht

Balance halten: Die Spieler stehen mit geschlossenen Beinen aufrecht und pendeln sanft in alle Richtungen, wobei jeweils das Extrem gefunden werden soll, also der Punkt unmittelbar vor dem Umkippen. Die Körperhaltung soll dabei gerade bleiben, nicht in den Hüften abknicken! Ruhige, gleichmäßige Atmung soll erreicht werden. Sehr angenehm ist die Übung mit geschlossenen Augen. Nach und nach wird die Standfläche verkleinert. Man steht auf einem Bein, dann auf den Zehenspitzen / auf den Fersen, zum Schluß auf einer Zehenspitze / Ferse. Letzteres ist mit geschlossenen Augen besonders schwierig.

Stern: Man steht mit geschlossenen Beinen und läßt sich langsam in eine beliebige Richtung kippen. Im letzten Moment fängt man den Fall dadurch ab, daß man ein Bein in die Fallrichtung setzt. Anschließend drückt man sich mit diesem Bein in den Stand zurück und kippt in eine andere Richtung usw.

Ein- bis Vierständer: Man beginnt mit dem Vierständer. Das heißt der Körper soll mit genau vier Körperpunkten den Boden berühren. Körperpunkte sind (von oben nach unten) die Stirn, der Hinterkopf, die Schulter, der Ellbogen, der rechte und der linke Hüftknochen, das Gesäß, das rechte und linke Knie, ebenso beide Zehenspitzen und beide Fersen. Nach einiger Zeit reduziert man die Bodenberührungspunkte auf drei (Dreiständer), dann geht man zum Zweiständer auf drei (Dreiständer), dann geht man zum Zweiständer und zuletzt zum Einständer über, bei dem man folglich den Boden mit nur einem der genannten Körperpunkte berühren darf.

Stehbild

Lebende Bilder: Der Spielleiter ruft der Gruppe einen Begriff zu wie etwa Angst, Trauer, Freude, Flucht, Neugier, Haß, Warten . . . Die Gruppe bildet dazu spontan eine Haltung, die „eingefroren" wird zum Stehbild. Das Stehbild wird so lange gehalten, bis der nächste Begriff fällt.

Viertakttanz: Der Spielleiter schlägt auf dem Tambourin einen Vierertakt, die Gruppe tanzt eine Zeit lang frei dazu. Dann wird vereinbart, daß jeweils auf „eins" eine ausdrucksstarke Haltung eingenommen wird und über die restlichen drei Takte hinweg als Stehbild beibehalten wird. In der Fortsetzung werden jeweils bei „eins" und „zwei" verschiedene Haltungen eingenommen, die bei „zwei" eingenommene Haltung wird bei „drei" und „vier" beibehalten. Entsprechend geht es weiter. Bei „eins", „zwei"

Stehbild — Familienkonflikt

Szenenbild Olivar

Stehbild

Einfrieren einer Bewegung

und „drei" werden verschiedene Haltungen eingenommen, die letzte wird bei „vier" beibehalten. In der schweißtreibenden Schlußphase wird schließlich bei jedem Takt ein neues Stehbild eingenommen.

Enviroment: Die Gruppe wird vorher in zwei Hälften A und B eingeteilt, dann beginnt die ganze Gruppe frei im Raum zu tanzen (Musik: „Magico" von J. Garbrek, E. Gismonti und Ch. Haden). Wenn der Spielleiter „A" oder „B" ruft, verharrt die betreffende Halbgruppe sofort im Stehbild, während die zweite Teilgruppe sich weiterbewegt und dabei auch die „Stehbild-Gruppe" benutzen kann, indem sie sich bei diesen Spielern anlehnt, durch deren Beine bewegt usw. Auf Zuruf des Spielleiters wechseln beide Halbgruppen.

Erdbodenbenutzung

Fallen: Für diese Übung ist viel Platz nötig. Bei Bedarf muß die Gruppe geteilt werden. Die Gruppenmitglieder gehen im Raum umher und „sacken" auf Signal langsam in sich zusammen. Dabei soll der Körper ganz entspannt sein. (Man muß darauf achten, daß man um sich herum genügend freien Raum hat und nicht die Mitspieler behindert.) Das anschließende Aufstehen soll möglichst ökonomisch, d. h. mit einem Minimum an Kraftaufwand erfolgen. Dazu sind oft mehrere Versuche notwendig.

Zentrumsrolle: Die Spieler liegen längs auf dem Boden und stellen sich vor, vom Körperzentrum her durch den Raum gezogen zu werden. Das Körperzentrum führt in jeder Phase des Rollens die Bewegung an, die übrigen Glieder lassen sich entspannt mitziehen. Alle Gruppenmitglieder rollen hintereinander in eine Richtung.

Kugel: Die Spieler sitzen im Raum verteilt, ihre Beine sind angewinkelt, die Hände umfassen die Zehenspitzen. Nun spreizt man die Knie weit nach außen und bringt die Schultern nahe an die Knie heran. Durch Verlagerung des Gewichtes auf eine Seite rollte man auf diese Seite und über die Rückenlage zur anderen Seite und kommt mit Hilfe der Bauchmuskeln wieder in die Ausgangsposition zurück.

Bodenrolle: Man gleitet auf ein Knie hinunter und rollt weiter zur Seite über den Oberschenkel, das Gesäß und den anderen Oberschenkel wieder in den Stand zurück.

Gleiten: Man läßt das Gewicht — ähnlich einer Spinne — zwischen den Armen und Beinen schweben und bewegt sich ständig in gleichmäßigem Tempo weiter, indem man Hände oder Füße umsetzt. Das Zentrum sollte immer auf gleicher Raumhöhe bleiben.

Gemeinsamer Bewegungsablauf

Chorische Bewegung: Es wird ein alltäglicher Bewegungsablauf ausgesucht, in unserem Beispiel „Kaffee trinken". Diese Tätigkeit wird in einzelne Handgriffe zerlegt: Milch in den Kaffee gießen — zwei Stücke Zucker in den Kaffee fallen lassen — umrühren — mit beiden Händen die Untertasse mit der daraufstehenden Tasse vom Tisch bis etwa in Brusthöhe anheben — mit der rechten Hand die Tasse zum Mund führen — trinken — die Tasse auf den Unterteller zurückstellen — den Unterteller auf dem Tisch absetzen. Eine Gruppe von drei Spielern versucht nun, diesen Ablauf gleichzeitig darzustellen. Eine geeignete Musik kann die Aufgabe erleichtern.

Bewegungskanon: Ähnlich wie beim gesungenen Kanon beginnen die Spieler zeitlich versetzt ihren Bewegungsablauf. Auf unser Beispiel bezogen, bedeutet das, der zweite Spieler gießt Milch in seinen Kaffee, wenn der erste bereits den Zucker hineinfallen läßt usw.

Vor- / Rücklauf: Eine Bewegung wird mitten im Ablauf gestoppt und wieder zurückgespult, dann sofort wieder gestoppt und vorwärts gespielt, ähnlich wie im bekannten „Fußballballett" aus den Sportsendungen des Fernsehens. Diese Übung erfordert viel Konzentration, da sie nur dann wirkt, wenn der Bewegungsablauf exakt wiederholt wird, einschließlich Schrittfolge, Körperhaltung, Handstellung und Gesichtsmimik. Hier muß intensiv geübt werden.

Synchronspiel: Diese außerordentlich lustige Spielidee beruht auf der chorischen Bewegung. Eine dreiköpfige Spielergruppe vereinbart miteinander einen Bewegungsablauf aus möglichst einfachen Bewegungen (das können Schrittfolgen mit Verbeugungen und Drehungen sein oder auch konkrete Tätigkeiten wie das Maschinenschreiben im Büro). Dieser Ablauf, für dessen Einübung eine ausreichende Probezeit zur Verfügung stehen sollte, wird einmal durchgespielt. Im Anschluß daran wird der gleiche Ablauf in mehreren Variationen gespielt, und zwar erhalten die Spieler eine der folgenden Zusatzaufgaben:

— Ihr spielt diesen Ablauft müde, träge, gelangweilt
— Ihr spielt mit übertriebenem „Cheese-Lächeln"
— Ihr seid neidende Konkurrenten, jeder will sich in den Vordersgrund spielen.
— Einer hinkt hinter dem Rhythmus der beiden anderen her
— Ihr schwitzt, friert oder habt unerträglichen Hunger (Möglich ist auch eine Verteilung in der Art, daß jeder Spieler eine andere Aufgabe für die Darstellung dieser Szene erhält.

Aufgreifen und variieren

Aktionswelle: Die Gruppe steht im Kreis. Ein Spieler beginnt eine Bewegung, die er ständig wiederholt (Mit dieser Bewegung kann auch ein Geräusch verbunden sein). Die anderen stimmen in diese Bewegung mit ein und steigern diese Bewegung (z. B. in Geschwindigkeit, Größe oder Akzentuierung. Wenn der Höhepunkt des Spannungsbogens überschritten ist, flacht die Gruppenbewegung wieder ab, bis kurz vor dem „Nullpunkt" jemand eine neue Gruppenbewegung eingibt. Ein besonders schöner Ablauf ergibt sich, wenn die vorgegebenen Bewegungen auf die vorangegangenen eingehen, also diese variieren.

Kommunikation: Diese Übung wird in Viergruppen durchgeführt. Ein Spieler tanzt langsam in der Mitte. Die drei anderen kommunizieren zu dessen Bewegungen, bilden Formen, die zu den vorgetanzten Formen harmonieren, mit diesen neue Einheiten bilden.

Kommunikationslinie: Alle Spieler tanzen einzeln im Raum. Durch Augenkontakt bilden sich Paarungen von jeweils genau zwei Spielern, die in ihren Bewegungen aufeinander eingehen. Die Partner können dabei beliebig weit voneinander entfernt tanzen.

Orientierung: Diese Übung ähnelt der vorigen. Jeder Spieler orientiert sich in seinen Bewegungen an einem anderen Spieler. In diesem Fall braucht der ausgesuchte Partner dies nicht zu merken und kann sich seinerseits wieder einen anderen Spieler als Bewegungsbild heraussuchen usw., so daß hier meist keine Paarbewegungen entstehen.

Sich öffnen / verschließen

Blüte: Ein Spieler versucht, sich in eine geöffnete Blüte hineinzufühlen. Ein Partner bringt diese Blüte durch Berührung oder Pusten dazu, sich schnell zu schließen. Langsam öffnet sich die Blüte wieder, und das Spiel beginnt von neuem.

Lichtscheu: Diese Übung läßt sich am besten in einem abgedunkelten Raum durchführen. Lichtscheue Tierchen werden mit einer (Taschen-)Lampe gejagt und ziehen sich bei Lichtkontakt so klein wie möglich zusammen.

Auftauen: Jeder Spieler stellt sich vor, er sei ein Stück Eis. Die Körperhaltung ist hart, steif. Jetzt beginnt die wärmende Sonne das Eis aufzutauen. Beginnend bei den äußeren Körperteilen wie den Fingerspitzen und Zehen läuft die Form auseinander zu einer breiten Wasserpfütze.

Erwachen: Im Gegensatz zur letzten Übung beginnt das „Erwachen'' innen und setzt sich von dort zu den äußeren Körperteilen fort. Hilfsvorstellung kann entweder ein Stein sein, der zum Leben erweckt wird, oder eine Schaufensterpuppe, die lebendig wird, oder eine Statue, der Leben eingehaucht wird.

Bewegungsrepertoire

Ziel in diesem Bereich von Aufgaben ist es, ganz neue Bewegungen zu entdecken und dabei verstärkt den gesamten Körper mit einzubeziehen. der experimentelle Charakter von Aufgaben dieses Übungsbereiches sollte bereits in der Übungsanleitung sichtbar werden. „Finde so viele . . . wie möglich!'', „Versuche auf verschiedene Weise, . . .!''

oder „Was passiert, wenn du . . .?'' sind geeignete Impulse.

Raumhöhe: Variiere die Raumhöhe! Du tanzt in einem 1,20 Meter hohen Rau, in einem 1 Meter hohen Raum, in einem 0,50 m hohen Raum.

Drehungen: Probiere alle möglichen Drehungen aus, auf der Ferse, auf dem Fußballen, auf dem Knie, auf dem Gesäß, auf dem Rücken, auf dem Bauch!

Sprünge: Springe in einem gedachten Bach auf den weit auseinanderliegenden Steinen umher! Drehe dich im Sprung so weit wie möglich um die eigene Achse! Bau in einen Bewegungsablauf witzige Zwischensprünge ein!

Linie: Führe lange Linien durch deinen Körper, von einer Fußspitze bis in die gegenüberliegende Hand, von einer Fingerspitze zur anderen, vom Scheitel bis zur Sohle strecke deinen Körper!

Blickfeld: Bewege dich so, daß du in jeder Phase der Bewegung deine Hände / deinen linken Fuß / deine Schulter sehen kannst.

Umsetzen von Bewegungsvorstellungen

Die vier Elemente (siehe dazu Kap. 8.4 g)
Naturkatastrophen, Erdbeben, Überschwemmung, Wirbelsturm (siehe dazu Kap. 8.4 g)
Wetterkarte (siehe dazu Kap. 8.4 g)« Der Wetterbericht wird vorgelesen: „. . . Durchzug von Wolkenfeldern . . . weiterhin kalt . . . vereinzelt Niederschläge . . .'' Die Gruppe versucht eine spontane Umsetzung der damit verbundenen Assoziationen.

Magnet: Einander Anziehen / Abstoßen auf Signal

„Zeigetanz": Der ausgestreckte Arm zeigt in eine Richtung des Raumes, der Körper folgt dieser Richtung, bis der andere Arm eine Richtungsänderung vorgibt. Dieses Thema eignet sich zu einer Ausführung mit Musik („Sol do meio dia" von Egberto Gismonte, „Dansere" von Jan Garbarek).

„Richtungsänderungstanz": Hierbei geht der Impuls zur Richtungsänderung — in Erweiterung des Zeigetanzes — von verschiedenen Körperteilen aus. So kann ein Ellbogen, die Hüfe, der Kopf usw. sich in eine beliebige Richtung bewegen, der übrige Körper folgt nach.

„Greiftanz": Dieses Thema verdeutlich den Übergang von der Pantomime zur Bewegungsimprovisation. Ausgangspunkt ist die pantomimische Tätigkeit des Greifens nach Waren im Supermarkt. Diese Tätigkeit wird immer weiter abstrahiert, bis schließlich durch das Ausstrecken und Heranziehen des Armes in allen nur denkbaren Variationen der Geschwindigkeit, der Raumhöhe usw. ein Tanz gestaltet wird. Diese Abstraktion zur reinen, von der ursprünglichen Tätigkeit losgelösten Bewegung ist in vielen Bewegungen möglich und bietet erstaunliche Gestaltungsmöglichkeiten. Im Anschluß an eine solche abstrakte Bewegungsgestaltung ist eine Rückkehr zum Ausgangspunkt, also zur pantomimischen Tätigkeit möglich. Der Aufbau dieser Übung könnte sich so vollziehen („Music for piano and drums" von Moraz und Bruford):

— Etwa sechs Darsteller spielen pantomimisch das Thema „Supermarkt, wobei jeder eine andere Rolle bekleidet, den Kunden, den Lagerarbeiter, die Kassiererin, den Ladendieb, den Hausdetektiv . . .

Zeigetanz

Verfremdung

von

Alltagssituationen

— Die Bewegungen werden in charakteristischer Weise vereinfacht, die vereinfachte Bewegung wird überzeichnet

— Auf Signal friert die gesamte Gruppe ihre Bewegung ein. Jeweils ein Spieler bewegt sich und improvisiert Variationen seiner Bewegung. Wenn er langsam wieder zum Stillstand kommt, beginnt der nächste Spieler in gleicher Weise. Es kann auch vereinbart werden, daß zwei Spieler gleichzeitig agieren dürfen. Wenn alle Spieler an der Reihe waren, agiert noch einmal die ganze Gruppe und führt die Szene in eigener Regie zu Ende.

Gestenspiel: Die Gruppe sammelt kleine Bewegungen und Gesten, die im Alltag oft zu beobachten sind und die z. T. unbewußt gemacht werden: sich kratzen, husten, niesen, die Stirn runzeln, winken, sich am Kinn kraulen . . . Diese Bewegungen werden verfremdet und zu einem Gesamtbild komponiert. Im weiteren Verlauf ergeben sich aus ihnen Dialoge, man unterhustet sich miteinander, man niest einander Fragen, wirft sich bitterböse Kopfkratzer zu usw.

6.2 Kontaktimprovisation

Hauptelemente der Kontaktimprovisation sind Gleichgewichtspositionen zwischen zwei oder auch mehreren Spielern (auch zwischen Spieler und Wand), die durch ausbalanciertes Drücken und Gegendrücken oder Ziehen und Gegenziehen entstehen. Das hört sich mit Worten ausgedrückt komplizierter an als es ist, die Abbildungen können hier sehr viel besser zeigen, worauf es ankommt. Dennoch gehört gerade bei der Kontaktimprovisation ein hohes Maß an Erfahrung dazu, die Bewegungsabsichten des Partners zu erspüren und die eigenen Aktionen genau im richtigen Moment einzubringen. Und das Vertrauen darauf, daß der Partner die eigenen Bewegungsabsichten ebenfalls spürt und ihnen in der angemessenen Art begegnet, muß erst herausgebildet werden.

Aufbau einer Übungsreihe zur Kontaktimprovisation in zehn Stufen:

Berührungsstehbilder

Eine Zeit lang tanzt die Gruppe frei im Raum. Zur ausreichenden Lockerung sollte diese Zeitspanne nicht zu kurz sein. Auf ein Signal (z. B. Aussetzen der Musik) berührt jeder einen erreichbaren Partner, wobei diese Berührung nicht mit der Hand erfolgen soll und auch möglichst in immer wieder anderen Körperhaltungen stattfindet. Beispiele für solche Berührungen: Schulter-Knie, Kopf-Wade, Rücken-Hüfte . . . Die Berührung wird für einige Sekunden zum Stehbild eingefroren, danach lösen die Partner sich aus der gemeinsamen Haltung und tanzen allein weiter bis zum nächsten Signal. Wenn einige Berührungsstehbilder ausgeführt worden sind, kann das Signal unterbleiben, und

die Teilnehmer bilden zwischendurch nach eigenen Impulsen solche Bilder, allmählich auch mit drei oder mehr Personen, bis schließlich Bilder mit der gesamten Gruppe formiert werden.

Armstütze

Zwei Partner stehen nebeneinander. Beide strecken ihre Arme leicht angewinkelt etwa in Brusthöhe ab, und zwar in der Art, daß der Arm des einen Partners auf dem des anderen Partners ruht. Nach einiger Zeit erfolgt ein fließender Übergang durch Bewegung der Arme umeinander in die Gegenposition, das heißt, der Arm des zweiten Partners ruht nun auf dem des ersten usw. Wichtig an dieser Übung ist, daß der oben liegende Arm vollkommen entspannt ist.

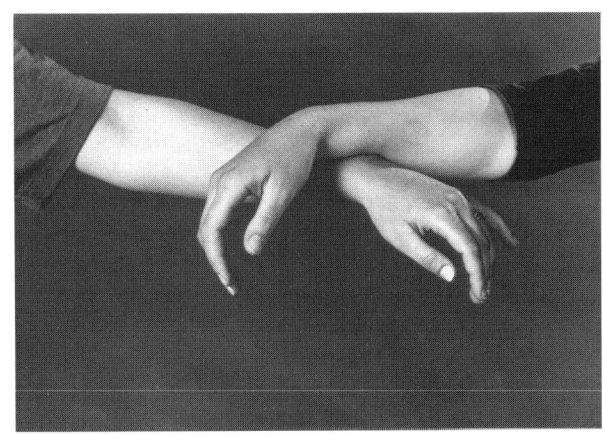

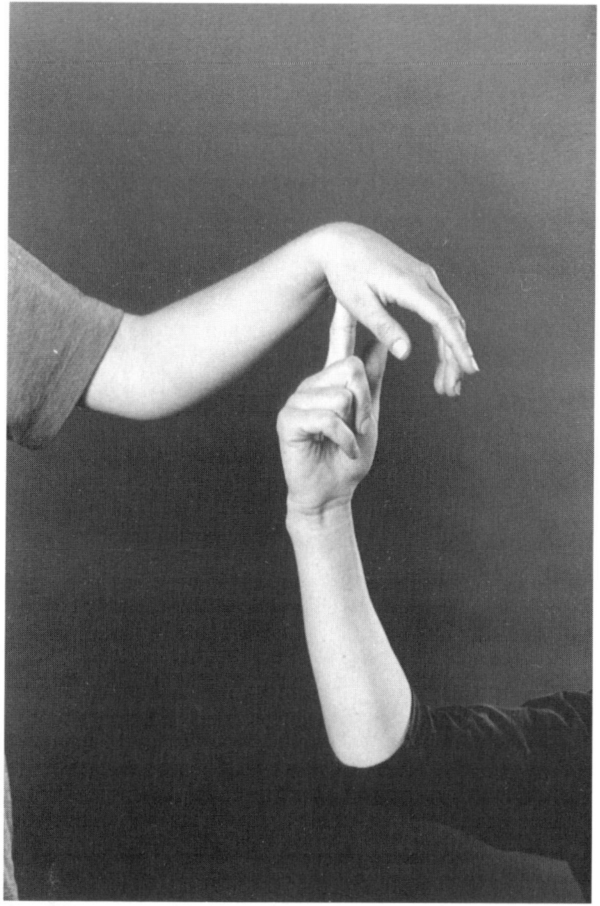

Armstütze

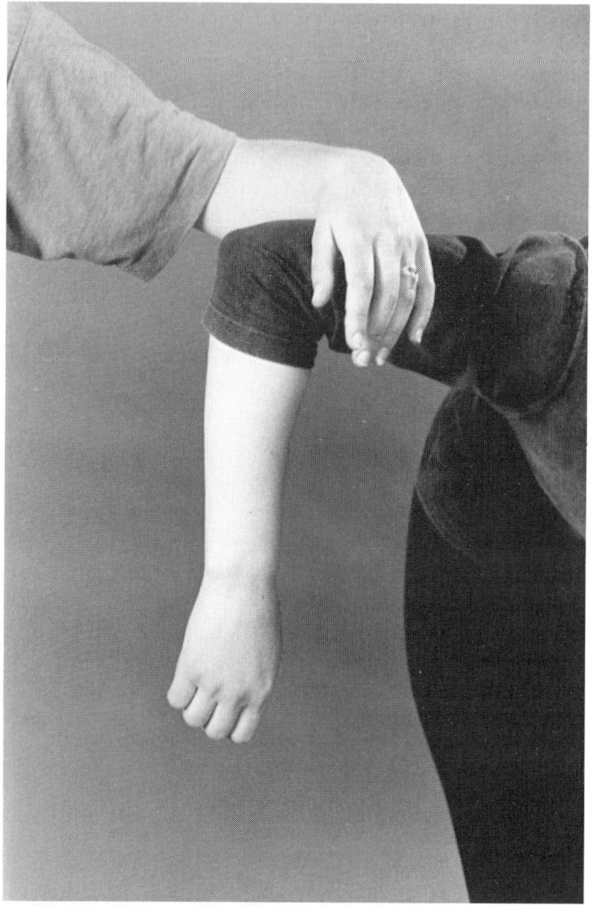

Kolben

Zwei Partner sitzen Rücken an Rücken auf dem Boden. Sie stehen auf, ohne dabei ihre Hände zu gebrauchen, und setzen sich ebenso wieder hin. Nachdem diese Schwierigkeit bewältigt werden kann, gehen beide Partner Rücken an Rücken durch den Raum. Die Übung wird im folgenden so variiert, daß die beiden Partner — an anderen Körperteilen verwachsen — den Raum durchqueren, also etwa mit aneinandergewachsenen Schultern, Hüften oder Köpfen.

Widerstand

Diese Stufe beinhaltet eine Erweiterung der dritten. Auch hier durchqueren zwei Partner miteinander den Raum. Allerdings bietet hier einer der beiden Partner dem anderen einen Widerstand, indem er gegendrückt und sich nur mit mehr oder weniger großem Kraftaufwand bewegen läßt. Ohne verbale Absprache wechseln die Partner mehrmals ihre Rolle.

Zugstellung

gegeneinander drücken

,,Körpertennis''

Ein Spieler stellt sich hinter seinen Partner und läßt diesen behutsam nach rechts und links kippen, wobei er ihn — wie in der Abbildung — an einer Schulter oder Hüfte festhält. Der auffangende Spieler soll dabei nicht die Muskelkraft seines Armes, sondern nur sein Gewicht einsetzen, um die Gleichgewichtsposition zu erreichen. Sein Partner muß im Kippen die Körperachse gerade halten und darf nicht abknicken.

Das Kippen ist in der beschriebenen Weise auch nach vorn und hinten möglich. Bei dieser Version hält der hintere Partner den vorderen an beiden Hüften fest und bildet durch Lehnen zur jeweils anderen Seite das Gegengewicht. Die Füße des hinteren Partners laufen dabei ein wenig rechts und links an denen des Vordermannes vorbei, wenn dieser sich nach vorn neigt.

Als Erweiterung wird ,,Körpertennis'' zu dritt gespielt. Jetzt stehens ich zwei Partner gegenüber, dazwischen steht ein dritter. Dieser wird von den beiden Äußeren jeweils aufgefangen und zurückgekippt — zunächst mit den Händen, im weiteren Verlauf auch mit anderen Körperteilen.

Körpertennis

Tragen

Zwei Partner tragen einander abwechseln. Der Schwerpunkt des tragenden Partners muß genau unter dem Schwerpunkt des getragenen liegen, weiterhin muß letzterer sein Gewicht in einem Punkt, und zwar im Berührungspunkt beider Partner, konzentrieren.

Kontaktübungen mit Hilfe eines Weichballes

Zwei Partner klemmen zwischen ihren Körper einen Weichball ein. Sie bewegen sich nun so miteinander, daß der Weichball nicht auf die Erde fällt. Immer ausgefallenere Bewegungen sollen ausprobiert werden, ohne daß dabei die Hände zu Hilfe genommen werden dürfen, um den Ball festzuhalten. Diese Übung vermittelt spielerisch eine der wichtigsten Fähigkeiten in der Kontaktimprovisation, die Konzentration des Körpergewichtes in einem Punkt. Außerdem kann die Übung auch schon dann eingesetzt werden, wenn noch nicht alle Hemmungen gegenüber direkten Körperberührungen abgebaut sind.

Tänzerische Kontaktimprovisation

Die Gruppe steht im Kreis. In der Mitte beginnen zwei Spieler, mit den bisher erlernten Elementen der Kontaktimprovisation (Berührung, Druck und Gegendruck, Zug und Gegenzug, Widerstand, Stützen und Tragen) einen Bewegungsablauf zu improvisieren. Beide rollen langsam umeinander oder gleiten am Körper des Partners entlang. Hierbei ist unbedingt darauf zu achten, daß immer ein Berührungspunkt — der sich natürlich ständig verlagert — erhalten bleibt. Denn wenn die Partner sich völlig voneinander lösen, kann bei der Wiederaufnahme des Körperkontaktes eine Disharmonie der Bewegung entstehen, besonders in der Lernphase.

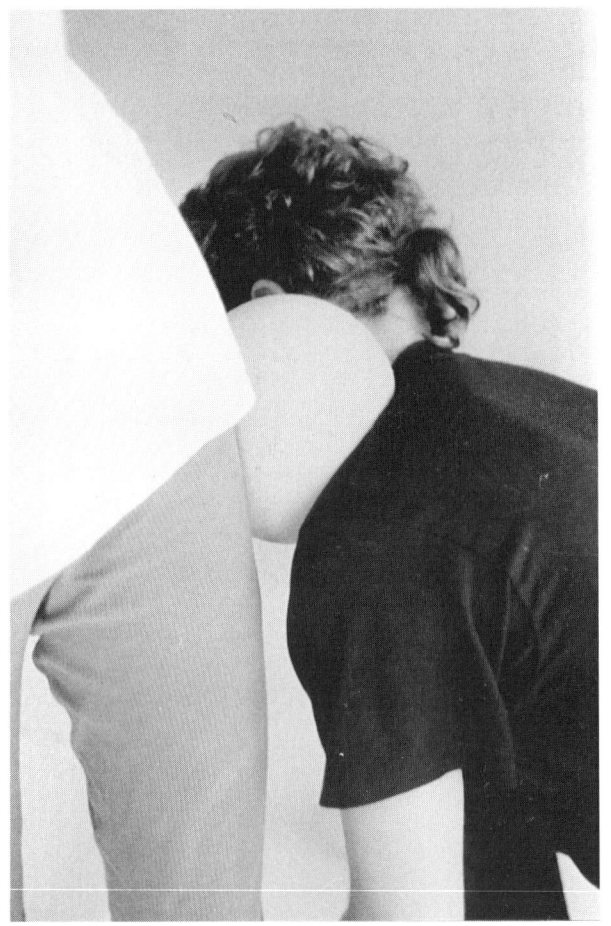

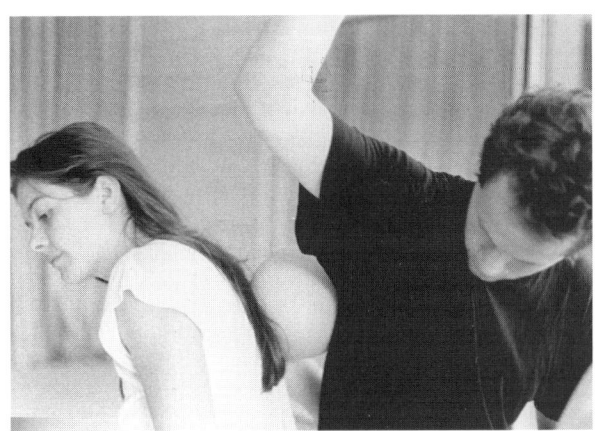

Kontaktimprovisationen mit einem Weichball

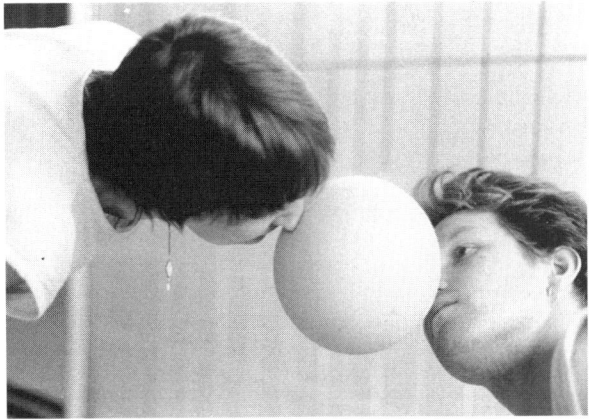

Nach einer selbst von den Akteuren zu bestimmenden Zeit verharren diese im Stehbild, jetzt kommt ein Spieler aus dem Rest der Gruppe und löst einen Partner ab, in dem er dessen Position übernimmt und es ihm dadurch ermöglicht, den Kreis zu verlassen. In dieser Form läuft die Übung weiter ab, bis alle Gruppenmitglieder an der Reihe waren.

Thematische Kontaktimprovisation

An dieser Übung läßt sich aufzeigen, daß auch eine banale, alltägliche und in normaler Spielweise recht langweilige Situation sehr eigenwillig und interessant dargestellt werden kann. Als Thema schlage ich „Bushaltestelle" vor. Zwei Personen warten auf den Bus. Dabei ergeben sich Handlungen, die in Form der Kontaktimprovisation dargestellt werden: Während eine der beiden Personen sich bückt, um den Schuhriemen zu binden, legt sich die andere Person quer über deren Rücken, um den Fahrplan zu studieren. Oder eine der beiden Personen nimmt alle möglichen außergewöhnlichen Kontaktstellungen ein, um der anderen mit in die Zeitung zu sehen und zu lesen. Oder die eine Person kippt gegen die zweite, um sich eine Zigarette anzünden zu lassen, und wird dann zurückge„pushed". Einfälle können hier nicht gut vorgeplant werden, sondern kommen beim Spielen.

Thematische Kontaktimprovisation

Zeitungslesen

Geschichten mit der Kontaktimprovisation

Dies ist eine Fortführung der thematischen Kontaktimprovisation. Gruppen mit jeweils zwei bis vier Spielern überle-
gen sich zuvor eine Geschichte, die sie darstellen möchten.
Dies kann eine Märchen sein, eine Sage, eine Fabel, die
Darstellung eines Sprichwortes oder auch eine selbst erfun-
dene Geschichte. Letzteres ist allerdings schwieriger als die
Darstellung einer bekannten Geschichte. Im Anschluß daran überlegt sich diese Gruppe eine Reihe von Kontakt-Steh-
bildern, die den Handlungsverlauf der Geschichte wieder-
spiegeln. Bei der Vorführung in der Gesamtgruppe beginnen die Spieler eine Kontaktimprovisation, in deren Verlauf
sie nacheinander die vereinbarten Kontakt-Stehbilder
durchlaufen, um in jedem Stehbild mehrere Sekunden zu
verharren und dann über eine weitere Phase der Kontaktimprovisation ins nächste Stehbild überzuleiten. Eine solche Darstellung ist nicht einfach, aber oft von einem großen
Ideenreichtum in Stehbildern und Bewegungen, der von
dem zuschauenden Teil der Gruppe mit begeistertem Bei-
fall bedacht wird.

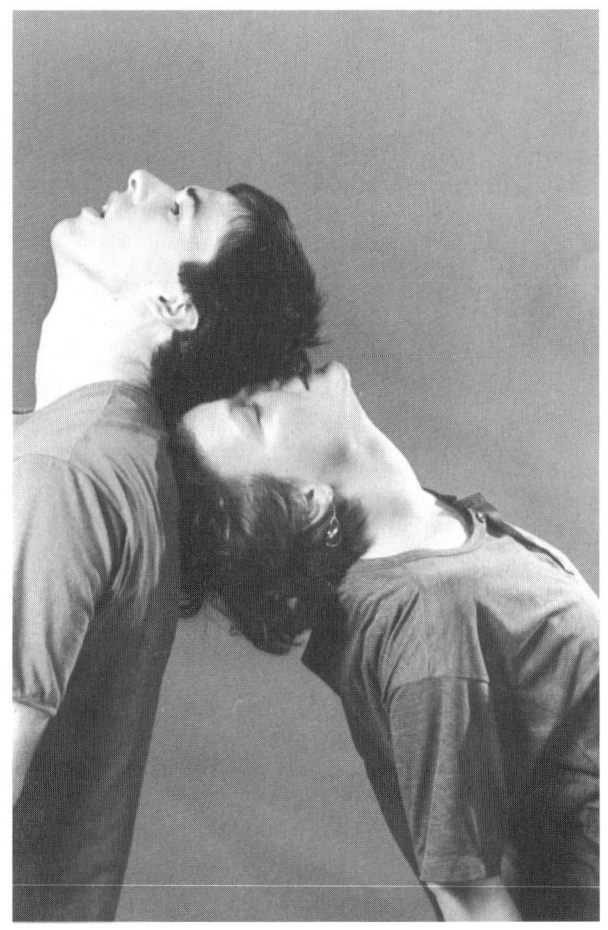

Freie Kontaktimprovisationen

6.3 Reflexion

In diesem Kapitel möchte ich — in komprimierter Form — die wichtigsten Erfahrungen und Gesetzmäßigkeiten für Bewegungs- und Kontaktimprovisation zusammenfassen. Diese Aufstellung verdeutlicht, wie schwierig es ist, alle wichtigen Punkte stets zu beachten. Nur die ständige praktische Durchführung, verbunden mit analysierenden Gruppengesprächen, läßt die Darstellung differenzierter und ausdrucksstärker werden.

Improvisation bedeutet ,,Spiel mit dem Unvorhergesehenen und Unvorhersehbaren''. Um improvisieren zu können, muß der Spieler über ein ausreichendes Maß an Bewegungs- und Spielerfahrung verfügen, damit die Ergebnisse befriedigen. Außerdem stellt die Improvisation mit einem Partner oder mit der Gruppe spezielle Anforderungen an die *Vertrauensbasis* der Spieler untereinander, und *Sensibilität* gegenüber den Bewegungsabsichten des/der Mitspieler, sowie an die *Koordinationsfähigkeit* der Spieler im Hinblick auf verschiedene Ideen, die aus der Gruppe kommen. (Sensibilisierungs- und Koordinationsübungen sind bereits in Kapitel 3 ausführlich beschrieben worden.)

Vertrauen zum Mitspieler zu haben, bedeutet, auf dessen Einsatz bauen zu können, wenn der eigene Spielfluß ins Stocken gerät. Jeder Mitspieler trägt seinen Teil an der Verantwortung dafür, daß der Spielverlauf nicht unterbrochen wird, daß die Dynamik des Spiels nichts ,,stirbt''. Bevor der *Spannungsbogen* einer Spielidee sich seinem Ende zuneigt, muß ein neuer *Impuls* eingegeben werden. Wird dies zu spät getan, ist die Weiterführung des Spiels gefährdet, wird es zu früh getan, kann Hektik entstehen, welche sich auch auf den Zuschauer überträgt. Das bedeutet für jedes Gruppenmitglied, zu warten und aufmerksam den Gang der Handlung zu verfolgen, bis *im rechten Moment ein neuer Impuls* eingegeben werden muß.

Während des gesamten Spielverlaufs ist auf entspannte *Atmung* zu achten. In einer Haltung, die hohe Muskelanspannung erfordert, darf der Atem nicht angehalten werden, sonst verkrampft sich die Körperhaltung. Ebenso wichtig ist das Bewahren der *Spannung im Körperzentrum*. Selbst kleinste Bewegungen werden spannungsvoll und interessant durch richtige Dosierung der Körperspannung. Ganz entscheidend für das Gelingen einer Körperimprovisation ist die Fähigkeit, seine Bewegungsenergie fließen zu lassen *ohne ständige Kopfplanung*, unter Umständen auch eine Ruhephase auszuhalten, in der keine Aktion stattfindet. Die größte Wirkung einer Darstellung geht von ihrer *Echtheit* aus, eine ,,ehrliche'' Aktion ist niemals langweilig anzusehen.

Ein Punkt, der in diesem Zusammenhang unbedingt genannt werden muß, ist die *Deutlichkeit* der Aktion. Die Bewegung muß eindeutig sein, alles Unwichtige muß weggelassen und ihr entscheidender Charakter gut erkennbar herausgearbeitet werden. Geht der Spieler zu einer anderen Bewegung über, muß ein *klarer Wechsel* erfolgen. Zur Erhöhung der Deutlichkeit trägt auch die *Beschränkung* auf eine Idee bei, mehrere Aktionen zur gleichen Zeit können verwirren.

Die Dynamik des Bewegungstheaters entsteht durch die *Abwechslung* zwischen großen kraftvollen Aktionen und kleinen Bewegungen. Eine solche Darstellung bedeutet für den Spieler *Ökonomie* im Umgang mit seinen Kräften, Vermeidung von Ermüdungserscheinungen und von Konzentrationsschwächen.

Das umfassende Bewegungsspiel beinhaltet Bewegungen in allen Ebenen, Drehungen, Sprünge, schließt Bodenberührungen mit allen Körperteilen sowie auch die Benutzung von Wänden und zur Verfügung stehenden Requisiten mit ein.

Regeln

— Warte auf den richtigen Augenblick!
— Achte auf die richtige Anspannung im Körperzentrum!
— Atme entspannt!
— Lasse deine Bewegungsenergie fließen!
— Finde das Maximum einer Bewegung!
— Deutliche Aktionen, klare Wechsel!
— Gib einen neuen Impuls ein, bevor der alte „stirbt"!
— Öffne deine Sinne für das, was in der Gruppe geschieht!
— Ein Impuls muß richtig aufgenommen sein, bevor Variationen beginnen.
— Jeder trägt Verantwortung für die Fortführung der Aktion.
— Vermeide Gleichförmigkeit!
— Der Erdboden ist nur eine Durchgangsstation. Vermeide zu langes Verweilen auf der Erde!
— Schaffe zu einem Impuls das Gegenteil!
— Teile deine Kraft sinnvoll ein, lasse auch kleine Bewegungen einfließen!
— Nur **eine** Bewegungsidee zur gleichen Zeit!
— Fortlaufende Bewegung, keine Kopf-Planung!
— Der gesamte Körper spricht. Alle Körperteile folgen der Bewegung des Zentrums.
— Spiele mit allen dir zur Verfügung stehenden Möglichkeiten des Körpers, des Raumes, der Partner, der Wände, des Bodens, der Requisiten!

Pantomimentheater Tomascewski: Hamlet

83

7. Vorüberlegungen zur Durchführung

7.1 Die Rahmenbedingungen

Vor Beginn des Kurses gilt es für den Spielleiter, sich mit einer Anzahl von Fragen — soweit vorher möglich — auseinanderzuetzen, die das Kursgeschehen entscheidend beeinflussen (spätestens nach der ersten Kursphase sind dies Überlegungen zu konkretisieren):

— Wer nimmt an dem Kursus teil, wie groß ist die Zahl der Teilnehmer?
— Wie alt sind sie, wie ist die Aufteilung männlich/weiblich?
— Mit welcher Motivation (allgemeine oder zielgerichtete) kommen sie?
— Welche Interessen, Vorerfahrungen und körperlichen Voraussetzungen bringen sie mit?
— Lernt sich die Gruppe neu kennen, oder handelt es sich ganz oder teilweise um eine bereits bestehende Gruppe?
— Wieviele Stunden umfaßt der Kursabend, über welchen Zeitraum erstreckt sich der Kurs?

Von der Beantwortung dieser Fragen hängt der Kursaufbau im Wesentlichen ab. Denn innerhalb eines Zeitraums von einem Jahr können weitergesteckte Ziele erreicht werden als bei einem dreimonatigen Kurs (z. B. Volkshochschulsemester) oder gar einem Wochenendworkshop, und viele Themen müssen für Jugendliche anders gestaltet werden als für Erwachsene, auch dann, wenn mit diesen Themen die gleichen Übungsziele anvisiert werden, und bei einer zwanzigköpfigen Gruppe muß anders vorgegangen werden als bei acht Personen. Während der Vorteil der größeren Gruppe in einer höheren Ideenvielfalt besteht, ist demgegenüber in der kleineren Gruppe eine bessere individuelle Betreuung möglich.

Es gibt jedoch einen Umstand, der dem Kursleiter bei der Überwindung dieser Fülle von Schwierigkeiten sehr hilfreich ist: Viele Spiele und Übungen sind in allen Altersstufen und nahezu bei jeder Gruppenstruktur durchführbar. Sie machen allen Teilnehmern Spaß. Derartige Übungen tauen schnell das Eis auf, sie lockern und bringen zum Lachen, und gemeinsames Lachen ist wohltuend für die ganze Gruppe. Jeder lacht gern, und während meiner Kurstätigkeit habe ich mich davon überzeugen können, daß Erwachsene und Kinder in den gleichen Situationen lachen und die gleichen Übungen mögen und lustig oder entspannend finden. Daher gestalte ich viele Übungen in der Lehrerfortbildung genau so wie ich es mit Kindern tun würde. Die Lehrer lernen also nicht nur die Übungen, sondern erleben sie und die damit verbundenen Erfahrungen und Gefühle und können — so behaupte ich — ihre Erfahrungen mit mehr persönlicher Begeisterung weitergeben. Und die eigene Euphorie, das sich verlieren Können im Spiel ist eine, wenn nicht sogar die wesentliche Voraussetzung für erfolgreiche Kurstätigkeit in Schule und Freizeit.

Die ,,richtige'' Pantomimen-Kleidung

Verfahren, um in der Gruppe ein Stück zu finden

7.2 Die Zielsetzung

Oft „riechen" die Kursteilnehmer einfach mal in einen Pantomimenkurs „hinein", haben vielleicht eine Aufführung im pantomimischen Bereich gesehen, möglicherweise den Auftritt eines Solopantomimen, haben sich dadurch für Pantomime zu interessieren angefangen und besuchen zunächst einmal ohne feste Vorstellungen einen Kurs. In solchen Fälle halte ich es für angebracht, keine frühzeitige

Festlegung in irgendeine Richtung anzusteuern, sondern den Erwerb allgemeiner wichtiger Körpererfahrungen anzustreben, die den Teilnehmern für eine Spezialisierung in jede Richtung wie Tanz, Theaterspiel, klassische Pantomime usw. hilfreich sind. Und auch diejenigen Teilnehmer, die „nur" entspannende Stunden und gemeinsame Körperarbeit mit anderen erleben wollen, sollen am Ende den Kursus bereichert verlassen. Das oben genannte Ziel der allgemein wichtigen Körpererfahrung — den oft zitierten „roten Faden" eines Kurses — sehe ich in folgenden Teilzielen konkretisiert:

— Erweiterung des Bewegungsrepertoires
— Beherrschung gezielter Bewegungen (und auch der Nicht-Bewegung!) einzelner Körperbereiche
— von der Übermacht verbalen Ausdrucks zu einer stärkeren Förderung anderer (körperlicher) Ausdrucksmittel
— Abbau von Hemmungen und von Berührungsängsten im eigentlichen Sinne des Wortes
— verstärkte Einbeziehung aller Körperteile in die Bewegung und damit verbunden Abbau der Dominanz der Hände
— Verminderung der Angst vor dem Fallen, Mitbenutzung des Erdbodens in Bewegungsabläufen, richtiges Fallen und Abrollen
— Verbesserung des Gefühls für Raum, Zeit und Mitspieler
— Entwicklung einer genaueren Beobachtungsfähigkeit, die auch zu einem bewußteren und damit genußvolleren Erleben von Vorstellungen führt.

Die jeweiligen Ziele und das Stadium ihrer Verwirklichung sollten während des Kursverlaufs auch besprochen werden, damit Fortschritte für die Teilnehmer nachprüfbar werden.

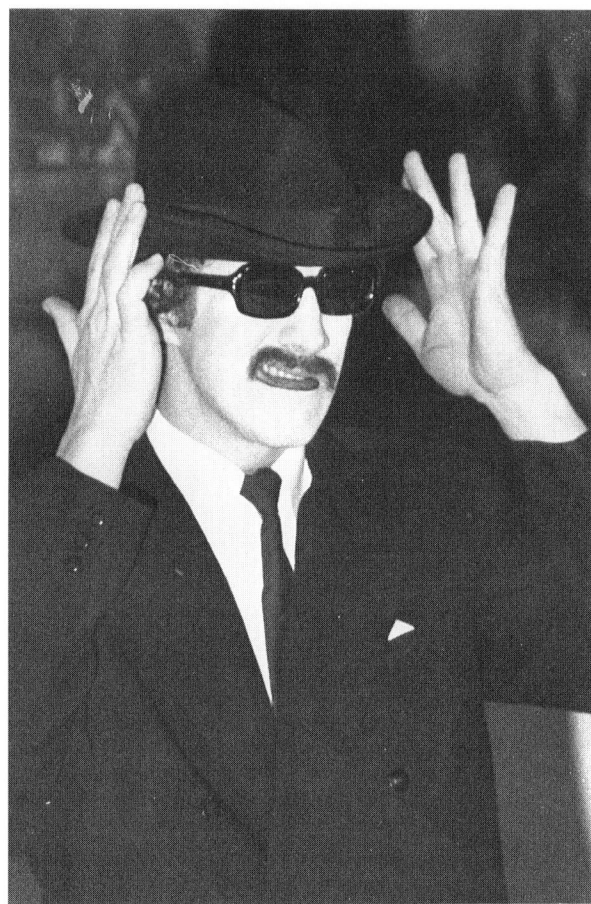

Be cool man

7.3 Die Rolle des Spielleiters

Aus meiner Erfahrung heraus ist eine Gruppe selten in der Lage, ohne einen Leiter zufriedenstellend zu arbeiten. Wenn also ein Gruppenleiter erforderlich ist, knüpft sich daran die Frage, wie weit eine Demokratisierung der Gruppentätigkeit möglich ist und welche Pflichten und Entscheidungen auf jeden Fall dem Leiter überlassen bleiben sollten. Auch wenn sich diese Frage wohl kaum eindeutig beantworten läßt, weil sie von zu vielen Faktoren abhängt, sollte sie Gegenstand von Überlegungen und Gesprächen werden. Ich möchte dazu einige Vorschläge aus der praktischen Arbeit unterbreiten:

a) Der Leiter kann im Gespräch mit der Gruppe deutlich herausstellen, daß jedes Gruppenmitglied einen Teil der Verantwortung trägt, wenn es darum geht, Störungen anzusprechen und abzustellen und Anstöße für Unzufriedenheit offen zu benennen (rechtzeitige Anwesenheit aller Teilnehmer bei Kursbeginn, gleichmäßige Verteilung der organisatorisch anfallenden Arbeiten . . .)

b) Einzelne Abschnitte des Kursabends (z. B. der gymnastische Teil) und bei fortschreitendem Kursverlauf vielleicht auch ganze Einheiten können den Mitgliedern übertragen werden, die dann jeweils für die selbst geplante Phase „das Ruder übernehmen". Natürlich ist genaue Absprache und Koordination vorauszusetzen.

c) Ergeben sich hinsichtlich einer Aufführung grundsätzlich verschiedene Haltungen zu einem damit verbundenen Problem, so muß man sich die Zeit für eine längere Diskussion nehmen. Denn weder eine von der Gruppe halbherzig aufgenommene Entscheidung des Leiters noch der Versuch, den Leiter oder eine Teilgruppe zu überstimmen, sind der Arbeit und dem Ergebnis dienlich.

d) Der Leiter sollte sich darüber bewußt werden, wie stark er sich während der Übungen in die Gruppe eingeben will. Dabei gilt, daß er von außen einen besseren Überblick über die Abläufe behält und, wo nötig, gezielt helfen kann, daß er andererseits durch Teilnahme an Übungen stärkeren emotionalen Kontakt zur Gruppe aufbaut.

e) Eine angenehme Gruppenatmosphäre ist ganz wichtig und läßt sich bei einiger Erfahrung zumindest begünstigen. Offene, sachorientierte, konstruktive Kritik sollte innerhalb der Gruppe gegeben werden können.

8. Praktische Tips zur Durchführung

Wie schon zuvor erwähnt, lernt man Pantomime und Bewegungsimprovisation nur durch praktisches Tun. Deshalb müssen Situationen geschaffen werden, in denen die Spieler mit den Schwierigkeiten der Darstellung durch Körperbewegung konfrontiert werden, Lösungsmöglichkeiten suchen und ausprobieren können und sich auf diese Weise weiterentwickeln. Daneben sollen die Aufgaben auch Spaß machen, den Spielern wie auch den Zuschauern, also Spiellaune erzeugen. Mit der Vorgabe geeigneter Spielthemen und Bewegungsaufgaben steht und fällt ein Kurs. Ich habe diesem Kapitel daher viel Aufmerksamkeit gewidmet. Die vorgeschlagenen Themen sind praktisch erprobt, und nur die, welche sich als geeignet erwiesen haben, sind im Repertoire verblieben.

8.1 Die Aufgabenvermittlung an die Spieler

Ein Spielthema kann auf folgende Arten den Spielern zugeführt werden:

— durch eine Aufgabenkarte (der Spielleiter sollte sich einen Fundus an Aufgabenkarten zulegen, da diese immer wieder eingesetzt werden können. Siehe dazu Kap. 8.5)
— durch mündliche Themenstellung
— durch Zurufe aus der Gruppe
— durch schriftliche Themenstellung von anderen Teilgruppen, die unter den einzelnen Teilgruppen ausgetauscht werden
— in Form einer Weiterarbeit der Kleingruppen an einem Thema, dessen Erarbeitung im Plenum begonnen wurde

Die für eine Erarbeitung zur Verfügung stehende Zeitspanne muß zu Beginn der Arbeit an einem Thema festliegen, sie kann natürlich bei Bedarf im Einvernehmen mit der Gruppe verlängert werden. Grundsätzlich könnte man die Aufgaben hinsichtlich der Vorbereitungszeit in vier Kategorien unterteilen:

— Spielaufgaben ohne Vorbereitungszeit (das Thema wird durch eine Aufgabenkarte oder mündlich vermittelt und spontan umgesetzt. Diese Form der Improvisation führt häufig zu erstaunlich guten Ergebnissen, auf die man später bei der Erarbeitung von Szenen, z. B. für eine Aufführung, zurückgreifen kann.

— Spielaufgaben mit einer kurzen Vorbereitungszeit (die kurze Vorbereitungsphase von einigen Minuten dient meist dazu, in der Kleingruppe eine Grobstruktur des Ablaufs zu erstellen, also die Personen und die Reihenfolge ihres Auftretend festzulegen, weiterhin technische Aspekte wie Licht- oder Musikeinsatz zu regeln).

— Spielaufgaben mit etwas längerer Vorbereitungszeit (hiermit ist eine Vorbereitungszeit von etwa einer halben bis einer Stunde gemeint, die bereits ausreicht, um eine Szene zu besprechen, ihren Ablauf durchzustrukturieren und anzuproben).

— Spielaufgaben mit ausgiebiger Vorbereitungszeit (eine Vorbereitungszeit von ca. einem halben Tag ist natürlich nur dann möglich, wenn der Rahmen des Kurses es erlaubt, wie das z. B. bei einem Wochenendworkshop oder einem ein- bis zweiwöchigen Kurs der Fall ist). Ergebnis einer ausgiebigen Vorbereitungsphase wird fast immer ein fertiges Stück oder eine Szene sein, die mehrmals geprobt ist und weitgehend in der Endform der Gruppe vorgestellt werden kann.

Für die Zahl der beteiligten Spieler gibt es folgende Möglichkeiten:

— Solothemen (hierbei solle man allerdings bedenken, daß der Soloauftritt vor der Gruppe die größte Überwindung von Hemmungen erfordert und erst dann praktiziert werden sollte, wenn die Gruppenatmosphäre entsprechend gelockert ist.)

— Teilgruppenthemen (sie fördern das Kennenlernen der Gruppenmitglieder untereinander. Die Stücke werden anschließend von den einzelnen Teilgruppen reihum gespielt und dann im Plenum besprochen.)

— Halbgruppenthemen (sie sind eine besondere Form der Teilgruppenthemen und bieten sich immer dann besonders an, wenn jeder Spieler aus zwei Blickwinkeln die Szene betrachten soll, z. B. als Passant oder Cafebesucher. Vgl. dazu Kap. 5.2 c)

8.2 Die gruppengesteuerte Spielimprovisation
Dieses Verfahren setzt einige Spielerfahrung der Teilnehmer voraus. Ein einzelner Spieler oder eine Kleingruppe beginnen, eine Szene zu improvisieren. Das kann mit oder

ohne Themenvorgabe geschehen. Die zuschauende Gruppe kann nun auf folgende Arten den Verlauf der Handlung beeinflussen:

a) Ein Mitspieler kann den bzw. einen Akteur der Kleingruppe „abklatschen", d. h. von einer beliebigen Stelle der Szene an dessen Part weiterspielen.

b) Eine Variante zu a): Der abklatschende Spieler nimmt die Grundbewegung des abklatschenden auf und verändert die Situation. So kann z. B. aus einem Angler durch die veränderte Handhabung des imaginären Stabes ein Billardspieler werden oder aus einem Abschiedswinken ein Fensterputzen.

c) Ein Mitspieler nennt ein Stichwort, ein Requisit, ein Ereignis o. ä., welches in den weiteren Verlauf der Handlung eingebaut werden muß.

d) Ein Gruppenmitglied gibt einen Gemütszustand vor (traurig, wütend, ängstlich . . .). Dieser wird von der agierenden Gruppe aufgegriffen, indem die Szene in dem genannten Gemütszustand weitergespielt wird.

e) Geräusche werden von außen in die spielende Teilgruppe eingegeben. Die Spieler nehmen in ihrer Szene Bezug auf diese Geräusche.

f) In die laufende Szene wird ein Mitspieler eingeschleust, der das bisherige Spiel nicht mitverfolgen konnte und sich nichts anmerken lassen darf (sozusagen nach bestem Wissen mitspielen muß) oder sogar vorher zu einem bestimmten Verhalten instruiert wurde (z. B. die Vorhaben der übrigen Spieler zu durchkreuzen oder Zeit zu schinden oder bestimmte Mitspieler nachzuahmen)

8.3 Verfahren, um in der Gruppe ein Stück zu finden

a) Die Teilnehmer bringen ihre eigenen Erinnerungen, Wünsche und ihre Gefühlslage ein:
— Was hat dich heute am meisten gefreut / geärgert?
— Wer / was war dir am wichtigsten / unwichtigsten?
— Was würdest du tun, wenn du Herrscher wärest?
— Was würdest du dir aussuchen, wenn du die nächsten drei Monate in einem Land deiner Wahl verbringen dürftest?
— Was würdest du wählen, wenn du drei Wünsche frei hättest?

b) Manchmal ist es sinnvoll, die Antwort aufzuschreiben, damit sie auch später für weitere Verwendung zur Verfügung steht. Außerdem zwingt der schriftliche Weg zu größerer Genauigkeit. Bei diesem Verfahren ist es auch möglich, die Zettel zu tauschen und die Äußerungen von Mitspieler in Stücke umzusetzen.

c) Geschichten erzählen / spielen
Die Gruppe sitzt im Kreis. Jemand beginnt, eine Geschichte zu erzählen. An einer Stelle eigener Wahl unterbricht er sie, sein Kreisnachbar fährt mit der Geschichte fort.

Das Spielen einer Geschichte vollzieht sich in ähnlicher Weise, auch hier bricht der Spieler an beliebiger Stelle ab. Für das Spielen ist jedoch der **Halb**kreis als Gruppenform geeignet, damit jedes Gruppenmitglied das Spielgeschehen verfolgen kann und keine wichtigen Details durch den Rücken des Spielers verdeckt werden.

d) Die Gruppe wird in Teilgruppen aufgeteilt.
Jede Teilgruppe schreibt gemeinsam Spielanweisungen auf ein Blatt Papier. Anschließend werden diese Anweisungen unter den Gruppen ausgetauscht. Eine solche Vorgabe könnte folgende Dinge enthalten:

- einen Titel, eine Überschrift für eine Szene
- vorkommende Orte, Personen oder Requisiten
- Tätigkeiten, die in der zu spielenden Szene einmal oder mehrmals — je nach Absprache — vorkommen sollen
- Bewegungsformen (z. B. zeitlupenhaft, abgehackt, übertrieben . . .)

e) Man erzählt Märchen und verlegt sie in eine andere Zeit, einen anderen Raum oder einen anderen Kontext. So findet dann die Geschichte vom Rotkäppchen im Jahre 2000 statt, das Hexenhaus aus ,,Hänsel und Gretel'' wird in die Großstadt verlegt oder Aschenputtel zu einem Werbespot umfunktioniert. Wichtig ist, den Aspekt der spielerischen Umsetzungsmöglichkeit zunächst einmal beiseite zu lassen und nach Herzenslust zu ,,spinnen''.

8.4 Spiel- und Aufführungsthemen
a) Rahmenthemen

Zu einem Ort oder einer Situation werden kleinere Szenen gesammelt und zu einem Ablauf zusammengestellt:
- auf der Straße
- bei einer Cocktailparty
- im Warenhaus
- am Bahnhof / Flughafen

Die ersten beiden Vorschläge ,,Straße'' und ,,Waschraum'' eignen sich auch vorzüglich zur Slapstickdarstellung. Dazu habe ich beim Thema ,,Straße'' darzustellende Episoden gesammelt, die einzeln vorgelesen werden. Der Spieler, dem zu dem vorgelesenen Text etwas einfällt, tritt vor die

Gruppe und spielt los. Flotte Slapstickmusik gibt den Szenen mehr Pep und nimmt eventuelle Spielhemmungen. Die Episoden:

- Ein alter Mann / eine alte Frau will bei starkem Verkehr die Straße überqueren.
- Raudis ärgern einen Passanten / eine Passantin (mehrere Personen).
- Ein Hund bleibt überall stehen. Sein Herrchen / Frauchen ist in großer Eile.
- Jemand raucht eine viel zu starke Zigarette.
- Er erscheint zu spät zur Verabredung mit ihr (o. umgekehrt).
- Ein hübsche, aber technisch unerfahrene Frau hat eine Autopanne.
- Eine eitle Lady führt ihren neuen Pelzmantel aus. Da fährt neben ihr ein Auto durch eine Pfütze.
- Jemand wird durch eine(n) geschwätzige(n) Freund(in) am Essen seines Eises gehindert.
- Ein Schüler sieht seinen Lehrer aus dem Pornokino kommen.
- Es regnet. Jemand will seinen Regenschirm aufspannen. Doch dieser klemmt.
- Jemand findet einen Geldschein und will diesen möglichst unauffällig aufheben.
- Zwei finstere Gestalten planen einen Einbruch.
- Ehepaar streitet sich vor einem Schaufenster um den Kauf einer Ware.

Zum Thema ,,Cocktailparty'' kann man durch Brainstorming zu einer Stichwortliste gelangen, aus der sich brauchbarer Spielstoff formen läßt. Als Beispiel möchte ich eine Liste anführen, die sich an einem Kursabend ergab:

anwesende Personen	vorhandene Gegenstände	peinliche Begebenheiten
denzenter Butler	Zahnstocher	Hose / Kleid platzt
nervöse Hausfrau	Servierplatte	versehentliches Rempeln
Partylöwe	Lampignon	verlorenes Toupet
Neureichs	Senfglas	Suppe schwappt über
ungebetener Gast	Kerzenständer	Gebiß bleibt stecken
Gentleman	Feuerzeug	schlürfen / schmatzen
Tölpel	Serviette	Schluckauf
Kurzsichtiger	Sektgläser	von fremdem Teller essen
Klatschbase		Hose steht offen
Heißhungriger		vordrängeln am Buffet
Body Builder		jemanden versehentlich
Angeber		mit der Gabel stechen
Schüchterner		Haar in der Suppe
Stehgeiger		zähes Fleisch
Vamp		
Cooler		
Frauenheld		
Serviermädchen		

Ebenso wie mit der ,,Cocktailparty'' kann man mit den anderen Themen verfahren und so beispielsweise beim Thema ,,Warenhaus'' mit Hilfe von Stichwörtern wie ,,Hausdetektiv'', ,,Rivalen am Wühltisch'' und ,,defekter Fotoautomat'' zu kleinen Szenen gelangen.

b) Texte aus Zeitungsausschnitten, Gedichten oder Liedern

Zeitungsartikel sind allein schon wegen ihrer Gegenwartsbezogenheit interessante Vorlagen für Stücke, oft hat schon die Überschrift einen hohen Aufforderungscharakter zum Spielen. Zwei Beispiele möchte ich anfügen für Artikel, die mich zur Umsetzung in Körpertheater oder Pantomime animiert haben:

— Eine kurze Zeitungsnotiz mit dem Titel ,,Insekten sind auf dem Vormarsch'' berichtete über steigende Immunität von Insekten gegen Pestizide und über die Eroberung der Erde durch Insekten. Hier bietet sich eine Darstellung als Bewegungstheater als reizvolle Aufgabe an, wobei hier sicher interessante Experimente mit Kostüm, Lichteinsatz und Geräuschen möglich sind.

— ,,Einbruch zur Fernsehzeit'', so lautete die Überschrift einer Zeitungsmeldung im Regionalteil einer Tageszeitung, der davon berichtete, wie ein Einbrecher wertvollen Schmuck erbeuten konnte, während die Wohnungsinhaber gebannt vor dem Bildschirm saßen. Eine Pantomime mit gleichem Titel erarbeitete ich mit einer Gruppe im Rahmen einer Szenenfolge zum Thema ,,Fernsehen''

c) Aktuelle Ereignisse und soziale Themen

Beim persönlichen Gespräch innerhalb der Gruppe werden Interessen und Probleme artikuliert, die für eine Darstellung thematisiert werden können und sollten. Das persönliche Interesse der Spieler an einem bestimmten Thema fördert eine ausdrucksstarke Darstellung. Oft lassen sich für solche Vorhaben außergewöhnliche Darstellungsformen finden und einsetzen (wie z. B. die ,,lebende Spieluhr'', das ,,lebende Bilderbuch'' oder die Stehbildserie). Beispiele für mögliche Themen sind Erziehung, Kinderfeindlichkeit, Friedfertigkeit im persönlichen Bereich, Materialismus. Diese Liste kann beliebig fortgesetzt werden.

d) Träume

Weil in der Pantomime mit imaginären Gegenständen gespielt wird, sind die Aktionen nicht den Einschränkungen unterworfen, die reale Gegenstände und Räume dem Spieler auferlegen. Imaginäre Gegenstände und Räume können beliebig verwandelt und verändert werden, sie ermöglichen das freie Spiel mit der Phantasie. Deshalb eignen sich Träume in geradezu idealer Weise für eine Darstellung durch Pantomime, Tanz und/oder Bewegungstheater. Sollte man sich dabei doch zum Einsatz von Requisiten entschließen, kann man auch diese einfallsreich gestalten und verfremden. So hatte zum Beispiel in dem 1986 inszenierten Mimodrama ,,Oliver'' die Titelfigur einen Alptraum, der Elemente einer zuvor erlebten Gerichtsverhandlung Revue passieren ließ; die Prozeßbeteiligten ,,schwebten'' auf ihn zu, ein überdimensionales Gesetzbuch — von schwarzen Gestalten bewegt — schwebte drohend über seinem Kopf, vibrierende Paragraphenzeichen attackierten ihn von allen Seiten.

Ein Vorschlag zu einer Szenenfolge mit dem Schwerpunkt ,,Traum'': Träumereien von Traumberufen. Als Rahmenhandlung könnte beispielsweise eine Berufsberatung auf dem Arbeitsamt fungieren. Während der (die) Kandidat(in) reihenweise unattraktive Berufe vorgeschlagen bekommt, schwelgen seine (ihre) Gedanken in Richtung: Flugkapitän, Reiseleiter(in), Dressman/Mannequin, Fußballstar, Rennfahrer(in), Astronaut(in), Primaballerina, Schauspieler(in), Karatelehrer(in) . . .

e) Märchen, Sagen, Fabeln

Ein Reiz bei der Verarbeitung bekannter Vorlagen liegt darin, daß das Publikum nicht so sehr die Energie in das inhalt-

liche Verstehen der Szenen legen muß, sondern vielmehr deren Umsetzung genießen kann. Was letztere betrifft, sind der Phantasie keine Grenzen gesetzt. Das Verlegen solcher Geschichten an einen anderen Ort, in eine andere Zeit oder in einen anderen inhaltlichen Kontext bietet Möglichkeiten für originelle Varianten. Weitere Märchen, die sich zur Gestaltung eignen, sind ,,Des Kaisers neue Kleider'', ,,Der Rattenfänger von Hameln'' oder ,,Der Wettlauf zwischen dem Hasen und dem Igel''.

f) Sprichwörter

Meist kommen genügend Sprichwörter und Redensarten beim Sammeln in der Gruppe zum Vorschein, eine Ergänzung durch Verwendung eines entsprechenden Buches, in welchem man weitere, zum Teil weniger bekannte nachschlagen kann, ist jedoch auch möglich.

g) Bewegungsthemen in tänzerischer Richtung

Hierzu bieten sich Themen an, deren Aussage weniger im Erzählen einer Handlung besteht, sondern eine bildhafte Vorstellung wecken. Dabei ist es wichtig, eine Fülle von Bildern und Bewegungsabläufen zu schaffen, oft durch Stimm- und Körpergeräusche organisch verstärkt, die auf- und abwallen oder in steter Steigerung einem Spannungshöhepunkt zustreben:

— Die vier Elemente
— Dädalus und Ikarus
— Vulkanausbruch, Erdbeben, Sturm, Sturmflut, Feuersbrunst
— Jahreszeiten
— Die getanzte Wetterkarte
— Evolution (vgl. dazu Kap. 6)

Bei der Darstellung der vier Elemente kann von sprachlichen Assoziationen ausgehen. Aus einem meiner Pantomimenkurse stammt folgende Wortsammlung:

FEUER	WASSER	LUFT	ERDE
knistern	spritzen	Wind	schwer
züngeln	Wellen	pfeifen	trocken
lodern	rauschen	säuseln	staubig
Hölle	gluckern	schweben	umgraben
fressen	Brandung	brausen	Mutter Erde
Wärme	Wellen brechen	wirbeln	Sicherheit
prasseln	überfluten	Durchzug	Höhle
flackern	schäumen	Wolken	Schlamm
um sich greifen	schwappen	schwerelos	hügelig
austreten	aushöhlen	laues Lüftchen	bedecken
	versickern	Ballon	Tod
		Sturm	dumpfe Geräusche
		atmen	

An dieser Liste kann man erkennen, daß einige Begriffe leicht in Körperbewegungen übertragbar sind: Mit Händen und Fingern läßt sich der Begriff „züngeln" darstellen (in origineller Weise mit der Zunge selbst), mit den Armen kann man „um sich greifen", mit seinen Füßen kann man die Flammen „austreten". Beim „Wasser" ist die Wellenbewegung zentral, die sowohl mit einzelnen Körperteilen wie auch mit dem gesamten Körper umgesetzt werden kann. In der Spalte „Luft" finden wir als eine mögliche Grundidee zur Umsetzung die Schwerelosigkeit, das Schweben, das sich wie auf einer Wolke bewegen (weiche Zeitlupenbewegung), aber auch das „Wirbeln", also die schnelle rotierende Bewegung. Das pulsierende „Atmen" als chorische Bewegung innerhalb der Gruppe kann ebenso ein Darstellungsansatz sein wie das Aufblasen eines Luftballons. Als schwierigste der vier Aufgaben wird in der Regel die Darstellung der „Erde" empfunden. Tendenziell vorherrschend ist hier die Betonung des schützenden Aspektes der Mutter Erde, ausgedrückt z. B. durch das sanfte Einbetten eines Spielers in die Formation seiner Mitspieler (Höhle).

Zum Thema **„Evolution"** möchte ich eine Möglichkeit des Ablaufes skizzieren:

Darstellung der Urzeit. Auf der Bühne befinden sich Pflanzen (grüne Kostüme) und Tiere (braune Kostüme). Die Gesichter der Spieler sind verdeckt. Runde Formen überwiegen. Dargestellt werden langsame harmonische Bewegungen, welche Fortbewegung, Ruhephasen und Nahrungsaufnahme der Tiere symbolisieren.

Eckige Wesen dringen ein, erheben sich, töten die runden Wesen, fällen Bäume. Die Maske „zivilisierter Mensch" wird aufgesetzt. Zivilisation wird symbolisch dargestellt (mit Messer und Gabel essen . . .)

Rivalität unter den eckigen Wesen. Herrschaftswechsel durch Intrigen und Töten. Sklaven ziehen imaginäre Seile oder rudern imaginäre Galeeren. Zwei rivalisierende Herrscher (von Untertanen getragen) tauchen auf.

Von einem sicheren Ort aus führen die Herrscher einen Krieg gegeneinander (z. B. von erhöhten Podesten aus). Die Untertanen werden durch Handbewegungen der Herrscher auf einem Schachfeld verschoben. Nach und nach fallen alle „Figuren".

Der Tod erscheint und führt beide Herrscher gegeneinander. Diese entzünden je eine Wunderkerze an einem zentralen Feuer und fechten mit den Wunderkerzen gegeneinander. Wenn diese verlöschen, sinken die Herrscher langsam zu Boden.

Insekten erscheinen (verschiedene Kostümierung, auch zwei Spieler unter einem Kostüm möglich) und bemächtigen sich der Szenerie. Zirpende Geräusche. Das Bühnenlicht erlischt.

h) Lebenslauf

Hier ergibt sich die Möglichkeit, eine pantomimische Parodie auf die wichtigen oder auch nur wichtig genommenen Stationen im menschlichen Dasein zu kreieren, das Wesentliche am Unwesentlichen herauszustellen. Für eine Aufführung stellten wir folgende Collage mit dem Titel „Lebenslinie" zusammen (die Szenenfolge ist stichwortartig aufgelistet und als Grundlage für weitere eigene Ideenfindung zu verstehen):

Geburt und Kleinkindalter. Imaginäre Bauklötze. Das Kind wehrt sich gegen Eingriffe in seinen Baustil. Der Turm kippt.

Schule. Die Klasse stellt sich zum Gruppenfoto auf. Eine

stark reglementierte Zeit folgt. Mechanisches sich melden, Aufstehen, Hinsetzen.

Erste schüchterne Kontakte zum anderen Geschlecht. Händchen halten. Liebesfahrten im Autoscooter auf der Kirmes. Der erste flüchtige Kuß.

Tanzschule/Disco. Nach Hause bringen und gebracht werden.

Heirat.

Arbeit. Monotonie eines Tagesablaufs. Eine Hand reicht die Aktentaschen hinter dem Vorhang heraus. Hektische Zeitrafferbewegungen. Auto- oder Busfahren. Begleitendes Ticken eines Weckers.

Freizeit und Urlaub. Strandszenen. Eincremen. Kofferradios. Urlaubsflirts. Melodische Musik. Danach wieder Rückkehr zur Szene ,,Arbeit'' wie vorher.

Rentenalter. Viel Zeit. Enten fütter.

Beerdigung. Rückkehr zu einer Szene, die vom Aufbau her der ersten ähnelt, z. B. eine aus Mitspielern gebildete Blüte, die sich in der ersten Szene öffnet, schließt sich hier wieder um die Hauptperson.

Diese schematisierte Darstellung vereinfacht natürlich sehr stark zum Klischee. Es kommt hier auf das ,,wie'' an, auf die Art der Darstellung durch die Spieler und auch auf ideenreiche Ausgestaltung der Szenen.

i) Beziehung

Das Thema ,,Beziehung'' führt wieder vom pantomimischen Spiel weg mehr in Richtung Körpertheater. Für das Stück ,,Stationen einer Beziehung'' hat die Gruppe zunächst den sprachlichen Bereich untersucht und Begriffe gesammelt, mit denen wir Zustände und Entwicklungen innerhalb einer Beziehung von Menschen untereinander bezeichnen: sich auseinandersetzen, sich angezogen füh-

len, sich binden, miteinander Höhenflüge erleben, sich öffnen, sich verschließen, die Türen hinter sich schließen und viele andere. Wie so oft, kann man hier bereits durch wörtliches Umsetzen der verbalen Sprache in Körpersprache zu interessanten Darstellungsansätzen gelangen. ,,Sich auseinanderzusetzen'' kann in diesem Sinne bedeuten, auf zwei Stühlen zu sitzen und immer weiter voneinander abzurücken. Trennung kann durch das Schließen vieler imaginärer Türen hintereinander verdeutlicht werden, und Einengung des Partners kann durch räumliche Beschränkung der Bewegungsfreiheit gezeigt werden.

Es entstanden dazu folgende Szenen (Musik von J. M. Jarre: Zoolook):

— Begegnung
  Aus einer Menschengruppe heraus treffen sich zwei Menschen. Sie ,,beschnuppern'' sich gegenseitig. Sie berühren einander vorsichtig mit dem Finger, ziehen ihn sofort wieder ängstlich zurück. Es ,,klickt''. Beide ziehen einander an wie Magnete.
— Harmonie
  Es entsteht ein gemeinsamer Bewegungsfluß
— Enge
  Jeder schränkt die Bewegungsfreiheit des anderen an, klammert, zieht ihn in die eigene Richtung hinüber, stellt sich ihm in den Weg. Die Versuche eigener Bewegungen beider Partner werden immer schwächer.
— Eifersucht
  Eine dritte Person taucht auf. Ein Partner sitzt zwischen zwei Stühlen. Ziehen und gezogen werden. Zuwendung und Abwendung im Wechsel. Unentschlossenheit.
— Streit
  Die Partner ,,setzen sich auseinander''. Schließlich sit-

zen sie sich gegenüber wie im Boxring. Sie ,,reden aneinander vorbei'' (gestikulieren ohne Blickkontakt).
— Trennung

Beide Partner wenden sich voneinander ab. Sie bleiben noch einmal stehen, sehen sich zueinander um, wollen aufeinander zugehen und entfernen sich dabei dennoch voneinander (durch die Technik des pantomimischen Gehens darstellbar), gehen durch imaginäre Türen und schließen diese hinter sich.

j) Jahreszeiten / Monate

Dieses auch für Kinder gut geeignete Thema läßt sich besonders ausdrucksvoll durch eine Stehbildreihe realisieren. Die Gruppe überlegt sich zu den einzelnen Monaten Bilder, die unter Mitwirkung aller Spieler dargestellt werden können (Januar — Schneeballschlacht, Februar — Karnevalsfest, März — Frühlingsspaziergang usw.). Jedes Bild bleibt etwa 15 Sekunden stehen, dann wird das Licht ausgeblendet, die Gruppe formiert sich im Dunkeln zum nächsten Stehbild um, das Licht wird wieder aufgeblendet. Als musikalische Untermalung für Stehbildserien empfehle ich ,,Pictures at an exhibition'' in der Synthisizerversion von Tomita.

k) Autofahrer unter sich

Hier darf kräftig mit Klischees gespielt werden. Zunächst ist eine ,,Charakterstudie'' der Fahrer verschiedener Autotypen und -modelle zu erstellen, getreu dem Motte: Zeige mir dein Auto, und ich sage dir, wer du bist. Nun könnte man im Anschluß an Darstellungsversuche der einzelnen Fahrertypen den weiterführenden Schritt unternehmen, diese Fahrer in verschiedenen Situationen zu bringen, und zwar

sowohl einzeln als auch miteinander. Als Resultat erhält man Szenen, in denen beispielsweise der VW-Fahrer zugeparkt wurde, der BMW des eiligen Geschäftsmannes nicht anspringt, die Ente auf einen Ford Capri auffährt, der Sportwagen dem Mercedes die Vorfahrt nimmt usw. Als spritzige Variante kann man bei einer Aufführung — Voraussetzung dazu ist eine gut aufeinander eingespielte Gruppe — die Autofahrer und die Situationen auf Zetteln notieren und von Zuschauern ziehen lassen, so daß sich mannigfaltige Kombinationen ergeben und Improvisationstalent gefragt ist.

8.5 Themen und Stichwörter für Aufgabenkarten

Jeder Spielleiter sollte sich eine reichhaltige Auswahl von Themen zulegen und auf Spielkarten griffbereit halten. Am besten beschriftet man zu diesem Zweck verschiedenfarbige Karteikarten (nach Themen farblich geordnet) und überzieht sie — für häufigen Gebrauch — mit Klarsichtfolie. Die Karten sind als Fundus für die Themenstellung durch den Spielleiter, aber auch zum Verteilen an die Spieler gedacht.

Pantomimische Aufgaben

Imaginäre Fläche:
Tapezieren, Anstreichen, Fenster putzen, Plakate ankleben, Tisch decken, Drehtüre, Spiegelkabinett, Bild aufhängen, Zaun mit Guckloch, Skizzenblock, Schallplatte säubern.

Imaginärer Stab:
Dirigentenstab, Tauziehen, Glockenstrang, Regenschirm, Spazierstock, Angelrute, Trommelstöcke, Wurfspeer, Ruderstab, Tennisschläger, Billardkö, Spaten.

Imaginäre Kugel
Schnellballschlacht, Schneemann bauen, Seifenblasen, Ballon aufblasen, Kegelkugel, Bowlingkugel, Jonglierkugel, Jonglierball, Medizinball, Kugelstoßer, Rumkugeln essen, eine Wassermelone teilen.

Gegensätzliche Charaktere (für Begegnungen)

zärtlich — uninteressant, lustig — traurig, aufdringlich — verlegen, wütend — ängstlich, aktiv — passiv, hyperaktiv — träge, schwitzend — frierend, arrogant — anbiedernd

Typen (für Rahmenthemen wie „In der Stadt'' o. ä.)

Discotyp, feiner Pinkel, Bettler, Playboy, Klatschbase, Gangster, Lady, Vertreter, Taschendieb, spielendes Kind, Priester, Flugblattverteiler

Charaktere für Zusammenstellen „Begegnung am Frühstückstisch''

2er-Kombination
Hektiker — Schlafmütze, Brutaler — Wehleidiger, Tölpel — Pedant, Cooler — Quasselstrippe, Nervöser — Witzbold, Ästhet — Flegel.

3er-Kombination
Brutaler — Nervöser — Angsthase, Cooler — Hektiker — Angeber, Schlafmütze — Quasselstrippe — Witzbold, Flegel — Wehleidiger — Koketter.

4er-Kombination
Schlafmütze — Flegel — Pedant — Witzbold, Angsthase — Quasselstrippe — Angeber — Tölpel, Ästhet — Cooler — Witzbold — Wehleider.

Traumhafte oder alptraumhafte Erlebnisse

Hiermit sind Ereignisse aus der Tiefe unserer Wünsche und Ängste gemeint, die real nie passieren, uns aber dennoch beschäftigen können.
— Du willst alte Freunde begrüßen, doch keiner kennt dich mehr.
— Obwohl du laut rufst, hört unmittelbar neben dir keiner deine Stimme.
— Du verläßt morgens deine Wohnung und wirst plötzlich von allen Leuten auf der Straße wie ein Star umjubelt.
— Du wachst morgens auf und bist riesengroß / winzig klein.
— Deine Wohnungseinrichtung verwandelt sich in Schokolade.
— Dein Auto fährt plötzlich allein, du hast keinen Einfluß darauf.
— Ein Außerirdischer steht vor deiner Tür und will dich abholen.

Themen für Einzeletüden

— Gärtner kämpft gegen Riesenwurm
— Im spannendsten Augenblick der Sendung fällt der Fernseher auf.
— Mitten in der Nacht beginnt der Wasserhahn zu tropfen.
— Angler fängt merkwürdigen Gegenstand.
— Gast wird im Restaurant vom Kellner permanent übersehen.

— Jemand will gerade sein Eis essen und trifft einen Freund, der ihn daran hindert.
— Chirurg stößt bei einer Operation auf eine medizinische Unmöglichkeit.
— Autopanne im dicksten Stadtverkehr.
— Die Einkaufstüte reißt.
— Der Verkehrspolizist an einer belebten Kreuzung verliert vollkommen den Überblick.

Musik

Der Einsatz von Musik wird sich natürlich nach dem persönlichen Musikgeschmack richten. Im folgenden habe ich eine Grundauswahl angegeben, nach Einsatzbereich gegliedert. Zum Teil ist zusätzlich eine Kurzcharakteristik der betreffenden Musik zugefügt. Leider ist nicht immer jeder angegebene Titel zu erhalten. Gute Musikgeschäfte helfen vielfach weiter und bestellen den gewünschten Titel.

Entspannung und Meditation
Deuter: Cicada (Kuckuck Schallplatten)
Tony Scott: Music for Zen Meditation (Polygram records)
Paul Horn: Inside the Great Pyramide, 2 LP

Sanfte Gymnastik und langsame Begleitmusik
Jean Michel Jarre: Oxygene (Polydor)
Eberhard Schoener: Systeme (Mercury)
Neil Diamond: Filmmusik zu „Die Möwe Jonathan"
Charlie Haden, Jan Garbarek, Egberto Gismonti: Magico (ECM)
Kitaro: Silk Road Suite (Kuckuck Musikverlag)
Vangelis: Chariots of Fire (Polydor)
Larry Carlton: Alone but Never Alone

Rhythmische Gymnastik
Jon Lord: Sarabande (Electrola) — mit orientalischen Elementen
Guem et Zaka Percussion — Afro

Impulsreiche Musik für Bewegungs- und Tanzimprovisation
Eno, Moebius, Roedelius: After the Heat (Sky records) — sphärische Klangstrukturen, meist langsam, gut für Zeitlupe und Stabkampf
Vladimir Cosma: Diva, Filmmusik (Spi Milan) — verschiedene Musik von sanft bis dynamisch
Egberto Gismonti: Solo (ECM) — ausgeglichene Gitarren- und Klavierst.
Egberto Gismonti: Sol Do Meio Dia (ECM) — Impulsreich, f. Kontaktimpr.
Moraz, Bruford: Music for Piano und Drums (EG records) — sehr kraftvolle Impulse, nur Piano und Schlagzeug
Bognermayr, Zuschrader: Erdenklang (Teldec) — Computerakustische Klangsinfonie mit Erdgeräuschen
Jan Garbarek, Bobo Stenson Quartet: Dansere (ECM) — impulsreicher Jazz, sehr schön für Tanzimprovisation

Popol Vuh: Music from Werner Herzog Films (Pop import) — Traummusik, zum Teil düster, enthält die Titelmusik zu „Nosferatu"
Ryuichi Sakamoto: Furyo, Filmmusik (Virgin records) — fernöstliche Klänge
Tomita: Pictures at an Exhibition nach Mussorgsky (RCA) — sehr ausdrucksstarke, wandlungsfähige elektronische Musik, besonders für Stehbildserien geeignet.
Joe Zawinul: Dialects (CBS) — kraftvoller Jazzrock, in experimenteller Weise mit Stimmfragmenten gemischt
Jean Michel Jarre: Zoolook (Polydor) — elektronische Musik mit Stimmen, Atmosphäre für Beziehungsstücke
Eberhard Schoener: Events (Emi Electrola) — Tanz- und Kontaktimprovisation
Eberhard Schoener: Flashback, (Emi Electrola) — Tanz- und Kontaktimprovisation
Eberhard Schoener: Transformation, (Emi Electrola) — Tanz- und Kontaktimprovisation

Zirkusmusik
Chuck Mangione: Children of Sanchez (A & M records)

Spieldosen und Kirmesorgel
Hierzu gibt es eine Reihe von Aufnahmen. Eine Auswahl ist z. B. in den Spieldosenmuseen in Rüdesheim und in Utrecht (Holland) zu erhalten. Ein Besuch dieser Museen lohnt sich übrigens.

Cafehaus- und Salonmusik
Auch hierzu gibt es einige Zusammenstellungen.

Minimalmusik
Philip Glass: Koyaanisqatsi, Filmmusik (Island records) — für bewegungsreiche Szenen, z. B. Großstadthektik,

langsamer Beginn, dann steigendes Tempo, teilweise hämmernder Rhythmus

Die Musik kann aus den vorgeschlagenen Titeln für den persönlichen Gebrauch zusammengestellt werden. Es gibt — falls die technischen Voraussetzungen vorhanden sind — auch die Möglichkeit, verschiedene Titel untereinander oder mit Geräuschen (Taktell) zu mischen.

Literatur
(nach Schwerpunkten geordnet)

Pantomimische Körpertechnik:
Anke Gerber, Clement de Wroblewski: Anatomie der Pantomime, Rasch und Röhrig Verlag, Hamburg / Zürich
Claude Kipnis: The Mime Book, Harper Colophon Books, New York 76
Jean Soubeyran: Die wortlose Sprache, Erhard Friedrich Verlag, Hannover 63

Praktisches Material und Übungen für Pantomime und Körpertheater
Werner Müller (Pan): Pantomimie — Eine Einführung für Schauspieler, Laienspieler und Jugendgruppen, Pfeiffer Verlag, München 79

Werner Müller (Pan): Körpertheater und Commedia dell'arte — Eine Einführung für Schauspieler, Laienspieler und Jugendgruppen, Pfeiffer Verlag, München 84

Bewegungsimprovisation / Spiel
Ulrike Finke, Reinhard Hübner, Fritz Rohrer: Spielstücke für Gruppen, Chr. Kaiser Verlag, München 77
Barbara Haselbach: Improvisation · Tanz · Bewegung, Klett Verlag, Stuttgart, 2. Auflage 79
Gusti Reichel, Reinhold Rabenstein, Michael Thanhoffer: Bewegung für die Gruppe, Verlag Puppen und Masken, Frankfurt, 2. Auflage 83

Masken
Die Commedia dell'Arte in den Masken der Sartoris zur Ausstellung: Die Commedia dell'Arte — Geschichte und Masken, Verlag Puppen und Masken, Frankfurt 82

Bilddokumente über Künstler
Robert Benayoun: Buster Keaton — Der Augenblick des Schweigens, Bahia Verlag, München 83
Michel Bührer: Mummenschnaz, Panorama Verlag, München 84
Karl Hoche, Toni Meissner, Bartel F. Sinhuber: Die großen Clowns, Athenäum Verlag, Königstein / Ts. 82
Kinder- und Jugendtheater der Welt, Publikation der internationalen Vereinigung der Kinder- und Jugendtheater (ASSITEJ), herausgegeben von Christel Hoffmann, Henschel Verlag, Berlin 83

Körpersprache und Kommunikation
Samy Molcho: Körpersprache, Mosaik Verlag, München 83